croissance
humaine
et instinct
spirituel

Maquette de la couverture : Jacques Léveillé

ISBN 2-7609-5506-0

© Copyright Ottawa 1980 par Les Éditions Leméac Inc.
Dépôt légal — Bibliothèque nationale du Québec
1 er trimestre 1980

croissance humaine
et instinct
spirituel

une réflexion sur la
croissance humaine à
partir de la psychologie
existentialiste et de la
tradition judéo-chrétienne

jean-luc hétu

LEMÉAC

PRÉFACE

Domestiquer un canard sauvage, c'est lui faire perdre son sens de l'orientation et bien sûr, sa liberté. *Voilà peut-être la plus juste image pour vous présenter cet ouvrage de Jean-Luc Hétu,* Croissance humaine et instinct spirituel. *Depuis Descartes et la philosophie des lumières jusqu'à la bureaucratisation universelle d'aujourd'hui, le rationalisme a exténué paradoxalement l'instinct et la liberté. Avec une rare finesse, l'auteur remembre bellement ces deux forces vitales, constructives, sans rien enlever aux rôles de la raison et de la volonté.*

Mais attention! Il ne s'agit pas d'un rééquilibrage superficiel de l'économie humaine et de l'expérience chrétienne. L'ouvrage propose un renversement de perspective tout en le fondant dans cette longue tradition prophétique sans cesse marginalisée par le complexe sécuritaire du «système étanche», pour reprendre ici une expression chère aux anthropologues. N'a-t-on pas dit que les révolutions ont été souvent la mise à jour et la radicalisation d'une idée traditionnelle laissée pour compte? Je devrais parler plutôt d'une orientation de fond. Quelle est-elle? Commençons par le plus simple.

Comme le puits, l'homme accède à l'eau vive des profondeurs et à la lumière des hauteurs en dégageant un espace d'intériorité pour laisser monter la source et son mystère, le suc de l'espérance et sa terre. Le plus grand drame spirituel et charnel de l'homme, c'est de perdre contact avec le fond de son être, là où il trouve cet accord décisif avec lui-même, avec la vie, avec les autres, avec Dieu. C'est ce qui fait dire à Carl Rogers: «Plus je descends profondément en moi, plus je découvre ce que j'ai en commun avec les autres.» Rien ici, donc, d'un narcissisme régressif, d'un intimisme asocial. Rien, non plus, de la paix facile d'Alice aux pays des merveilles. Nous le savons depuis Freud. Nous le savons aussi depuis la dramatique pascale de la descente de Jésus aux enfers. Mais ce que nous avions oublié, surtout depuis le jansénisme, le puritanisme et leurs lointaines racines dans la moïra *grecque et le* fatum *romain, c'est cette bonté originelle affirmée dès les premières pages de la Bible... au matin du monde. «Et Dieu vit que cela était bon. »*

Jean-Luc Hétu va retracer ce filon d'or, des Prophètes à Maslow en passant par saint Thomas. Concordisme dangereux? La foi à la remorque d'une théorie psychologique? L'auteur s'en défend bien, avec discernement. Pourquoi écarter en principe des connivences fécondes? N'est-ce pas séparer une fois de plus création et salut? Il y a des orthodoxies tellement appauvrissantes. Saint Thomas l'a appris à ses dépens en fréquentant ce païen d'Aristote. J'ai trouvé très stimulante la confrontation de la théologie de l'Esprit Saint avec la psychologie des bioénergéticiens ou encore des gestaltistes. Comme j'ai goûté L'Évangile au risque de la psychanalyse de Françoise Dolto. L'esprit souffle où il veut. Le Mystère que l'on porte déborde la Vérité officielle, établie. Et tout encadrement du Royaume sera toujours relatif.

Le Royaume, jamais défini dans l'Évangile, ni dans le temps ni dans l'espace, n'en n'est pas moins au-dedans de nous. Il nous entraîne plus qu'il ne s'impose. Son Esprit nous apporte à la fois la liberté et le sens de l'orientation. Quelque chose de cet «instinct qui nous sauve» comme le suggère Jean Rostand.

Mais cet instinct spirituel ne doit pas être confondu avec le réflexe invariable, immuable, prédéterminé. Et c'est là le paradoxe spécifique de l'aventure humaine telle que conçue par Rogers, Maslow, Erikson, Frankl; paradoxe aussi du comportement évangélique et de celui de Jésus lui-même. La rectitude du cœur qui voit juste, décide, et agit dans une quotidienneté et dans une histoire toujours inédite.

Ce sont parfois des gens venus de l'athéisme le plus radical qui nous rappellent les profondeurs humaines de la foi judéo-chrétienne. Tel un Garaudy qui nous présente Jésus en ces termes: «Jésus, en chacune de ses paroles, en chacun de ses actes, n'est jamais là où nous l'attendons. Il n'agit jamais ni par routine ni par révolte, mais à coup d'inventions qui sont chaque fois pour nous des surprises, comme un poème qui désarçonne nos logiques coutumières. » (Parole d'homme. p. 14). On pense ici à Heidegger qui définit l'homme: «le poème commencé de l'univers ». Jésus en est le premier de cordée. Avec lui nous avons appris que prier «c'est écouter la musique profonde de l'être en nous toujours jaillissant, et danser sa vie au son de cette musique... Le salut, c'est ce qui arrive à l'homme lorsqu'il découvre et reconnaît en lui cette possibilité d'arrachement au donné, à la nature, à l'habitude, à l'ordre établi, à l'aliénation » (op. cit., p. 253).

Je cite à dessein un «politique» qui rejoint par d'autres chemins la démarche fondamentale du courant psychologique privilégié par Jean-Luc Hétu. Un courant commun qui ouvre peut-être un nouvel âge de l'homme, tout en mettant en lumière le plus spécifique, le plus prophétique de la Foi. Une certaine théologie, parfois des plus orthodoxes, a contracté toutes les maladies de l'Occident. Il faut accueillir ce nouveau souffle de l'Esprit, comme un «mouvement de libération qui remplit tout le passage de l'animalité à Dieu» comme le dit encore Garaudy. Eh oui! ce mouvement va du plus charnel au plus spirituel et vice versa.

On ne saurait donc y voir une sorte de privatisation frileuse et passive de la conscience. Celle-ci dans sa prière comme dans son engagement étreint le monde, tout en mettant le cap sur des horizons que l'œil n'a pas vus. Mon vieux professeur d'exégèse qui avait passé toute sa vie dans la Bible, résumait ainsi le message: Dieu dit sans cesse à l'homme: «En avant, en avant... fais confiance, l'Esprit t'aidera.» Est-ce bien notre attitude de base? Combien de chrétiens ne croient pas vraiment, pratiquement, leur espérance? Alors l'Esprit fait des détours. Il déchire même la robe sans couture pour que la Vie réapparaisse dans le merveilleux décousu de la Bible, de l'histoire, du vécu.

Jean-Luc Hétu nous montre qu'il y a là Bonne Nouvelle. Une autre éthique. Un nouvel art de vivre. Oui, cet art de vivre que bien de nos contemporains tentent de renouveler. Et le christianisme a tant à dire et à faire dans ces nouvelles sensibilités culturelles. Nous contenterons- nous de nos réponses toutes faites? L'auteur ne craint pas d'aller chez les païens pour y trouver avec un discernement remarquable les traces de l'Esprit. Et quand il revient à l'Évangile il fait émerger le trésor caché, des perles oubliées.

«Apprenez à juger par vous-mêmes» nous dit Jésus, faisant écho au vieux testament: «Dieu a créé l'homme et l'a livré à son propre conseil.» Mes professeurs «scolastiques» et moralistes ne m'ont jamais cité ces paroles. Sans elles, il y a parfois une obéissance à la volonté de Dieu construite sur la peur de se prendre en main, sur un refus de l'inédit, de l'inconnu, de l'inattendu. Du coup, l'Évangile cesse d'être Bonne Nouvelle, avènement de Dieu dans notre aventure unique d'homme. Jamais je n'aurais pu faire cette prière de Rilke: «Seigneur, donne à chacun sa propre mort, née de sa propre vie», parce qu'avec ma théologie manichéenne et sa spiritualité, je ne savais naître et renaître à moi-même et à Dieu, à sa création, à son salut. Triste plombier que j'étais, ne sachant pas laisser jaillir la Source.

Il y a quelque chose de merveilleux qui «advient» au plus creux de la crise actuelle, au plus dru de nos combats, au plus obscur de nos angoisses et incertitudes... la redécouverte de cet «instinct spirituel» capable de nous redonner, après tant de domestications, la liberté et le sens de l'orientation. Cet ouvrage de Jean-Luc Hétu nous y convie.

Jacques Grand'Maison,
Université de Montréal

AVERTISSEMENT

Dans les pages qui suivent, certains pourront avoir l'impression que je me donne beaucoup de mal pour *prouver* que la psychologie existentialiste et la tradition judéo-chrétienne disent foncièrement la même chose.

Je dirais plutôt que depuis une dizaine d'années surtout, j'ai laissé ces deux courants me travailler chacun à sa façon. Le résultat en est que — probablement par besoin d'unité — je suis devenu de plus en plus sensible, avec le temps, aux affinités que ces deux courants présentent l'un par rapport à l'autre. Ce qui explique que j'aie voulu prendre la plume pour faire le point là-dessus. De la sorte, ce qui pourra apparaître comme une thèse est plutôt pour moi une hypothèse confirmée.

Je suis conscient que le fait de partir à la recherche des points de contact entre la tradition judéo-chrétienne et la psychologie présente le risque de se laisser entraîner par son projet, de voir des similitudes là où il n'y en a pas, d'arrondir les angles pour que les morceaux s'emboîtent...

Mais je fais remarquer ceci: je ne suis pas un «raccommodeur universel», et il m'arrivera fréquemment dans ce volume de marquer clairement mes distances et mes désaccords avec certains. Le fait de voir des points de contact entre certains auteurs ou certains courants de pensée ne doit pas empêcher d'identifier aussi les points de rupture, lorsque ceux-ci surgissent.

Je veux me souvenir ici de Robert Choquette, Gaby Desrosiers, Louise Léger, Gérald Poirier et Louis Roy, qui m'ont fait améliorer sensiblement ce manuscrit par leurs nombreuses remarques sur quelques points majeurs et sur une multitude de points mineurs. Ce faisant, il m'ont fait sentir une fois de plus que l'amitié manifeste son prix autant par la franchise sur les questions importantes que par l'attention aux petits détails de l'existence.

Jean-Luc Hétu

PRÉAMBULE

L'instinct spirituel

> « Je dors, mais mon esprit veille. »
> *Cantique des cantiques*, 5, 2

Ces deux mots me fascinent. Ils me parlent tous deux de mystères qui me dépassent. L'instinct me vient de loin. De si loin que je ne sais s'il vient *du* plus profond de moi ou *de* plus profond que moi.

Le spirituel me déroute et me guide, me fait patienter et me bouscule. Le spirituel me fait pressentir le sens caché et lorsque je m'approche de ce sens et que je crois le saisir, j'y trouve une promesse de dévoilement qui continue à m'attirer par en avant. Le spirituel m'appelle tellement que je ne sais s'il me faudra aller au bout de moi ou plus loin que moi. Ces deux mots me fascinent à tel point que lorsque je les conjugue, je frémis. Par eux je me sens traversé, par eux je me sens habité.

Pourquoi donc me faut-il me lever en pleine nuit pour laisser ces mots surgir et s'enchaîner les uns aux autres ? Pourquoi donc le sommeil s'écarte-t-il devant le sens qui veut jaillir, comme la mère qui se tait devant l'enfant qui balbutie et le vent qui s'apaise devant l'oiseau qui chante ?

Une journée de rationalité s'achève. Tout le jour, ce fut l'atmosphère appliquée et calculatrice d'un conseil d'administration. La journée de demain se poursuivra de la même façon, avec un autre groupe.

Mais cette nuit, d'autres courants me traversent. Mon corps me tient éveillé pour me parler un autre langage, pour me dire ce manuscrit qui émerge de je ne sais où, par poussées successives comme l'enfant qui naît.

L'homme ne vit pas que de pain. Il ne vit pas que d'un agenda chargé. L'être humain ne vit pas que de sa tête. Il ne vit pas que de propositions dûment présentées, appuyées et votées. Le réel se fait parfois docile sous les prises de celui qui organise, mais il a sa revanche avec celui qui s'abandonne pour le sommeil.

Et lorsque vient le temps de la détente et du sommeil, se lève le temps de l'instinct et de l'esprit. Qui donc me parle ce langage qui me surprend et pourtant me rassure, qui me fait frémir pour me pacifier? D'où me viennent ces mots qui me disent si bien, mais que je n'ai pas vu venir? Qui me dicte ces phrases que ma tête ignore et que mes yeux découvrent à mesure que ma main les forme? Par quel mystère le repas léger de dix-huit heures, le fruit de vingt-deux heures sont-ils devenus, à une heure, de petites ondulations bleues sur un papier blanc? Qui a transformé cette énergie chimique en mouvement, et qui guide ce mouvement?

À la limite, quel est cet être mystérieux qui me fait chercher quelqu'un au cœur de tous ces mystères?

Quelqu'un s'était avant moi posé la même question, et s'était avoué incapable d'y répondre. «L'Esprit souffle où il veut et tu ne sais ni d'où il vient, ni où il va.» Quelqu'un pourtant qui savait bien se taire pour écouter, regarder pour voir, et réfléchir pour comprendre.

Le mystère restera entier, une fois de plus, une nuit de plus. Mais ce mystère est réconfortant. Il me mystifie, mais il me soutient. Dans quelques minutes, ma tête, mon bras et mon cœur s'y abandonneront de nouveau. Et lorsque le sommeil sera venu, quelque chose en moi continuera. À mon réveil, je sais que je serai plus riche: une décision aura été prise et je n'aurai qu'à la nommer et y consentir; une idée se sera précisée et je n'aurai qu'à l'écrire, une solution m'aura été préparée et je n'aurai qu'à lui donner corps, un rêve m'aura été laissé et je n'aurai qu'à l'interroger.

Il est grand, le mystère de la vie!

1

MASLOW ET L'EXPÉRIENCE-SOMMET

> Les religions organisées peuvent finalement devenir les grandes ennemies de l'expérience religieuse.
>
> A. Maslow
>
> Je ne supporte plus fêtes et solennités. Vos nouvelles lunes et vos pèlerinages, je les hais de toute mon âme.
>
> Isaïe 1, 13-14

Un Noir s'aventura un jour en territoire blanc, dans le but d'observer et de décrire avec des yeux et un vocabulaire de Noir, la réalité des Blancs.

La comparaison cloche. Je recommence. Un Noir s'aventura un jour en territoire neutre, dans le but d'observer et de décrire avec des yeux et un vocabulaire de Noir, la réalité qui n'avait été observée et décrite jusque-là qu'avec des yeux et un vocabulaire de Blanc.

L'entreprise était audacieuse, et suscita des réticences autant chez les Noirs que chez les Blancs. Certains scientifiques disaient qu'un scientifique ne doit pas se risquer à étudier une réalité aussi peu scientifiquement accessible que l'expérience religieuse. De l'autre côté de la frontière, certains théologiens disaient qu'un scientifique ne doit pas se risquer à étudier «du dehors» une réalité aussi mystérieuse que l'expérience de la foi.

Malgré tout, le psychologue Maslow se livra à son exploration. Il entreprit d'étudier l'expérience mystique dans son processus et ses effets, et ce, en ne se plaçant ni sur le terrain «scientifique» de l'expérience contrôlée, ni sur le terrain «religieux» d'une religion révélée. Il alla tout simplement interroger des gens ordinaires sur le terrain profane de leur expérience humaine.

Dans les pages qui viennent, je me propose de reprendre l'essentiel de ses découvertes et de tenter d'en retracer les points de contact avec l'expérience consignée dans la Bible.

La Bible et la psychologie existentialiste

Je suis convaincu en effet que ces points de contact existent. Les êtres humains interrogés par Maslow sont foncièrement les mêmes que l'on voit vivre et parler dans la Bible. Qu'on les regarde avec les yeux, les lunettes et les grilles que l'on voudra, ils ont foncièrement la même origine, le même fonctionnement et la même destination.

Mon objectif, cependant, n'est pas de prouver que Maslow a vu juste, de valider le résultat de ses recherches par une source externe, à savoir l'autorité de la Bible. Mon objectif n'est pas non plus de prouver que la Bible dit vrai, que les auteurs inspirés avaient tout vu et tout dit deux ou trois mille ans avant Maslow.

Mon projet est de tirer profit des recherches de Maslow en les utilisant pour mieux saisir les intuitions de la tradition chrétienne, de mieux comprendre ce que les auteurs bibliques avaient saisi et voulaient faire saisir.

Je crois qu'il y a beaucoup plus de richesses dans la Bible que dans les œuvres de Maslow et ce, au-delà de la considération théologique que les auteurs bibliques étaient «inspirés» et que Maslow ne l'était pas ou ne l'aurait pas été. Ma considération est tout empirique : les observations et réflexions de Maslow ont duré moins de quarante ans, alors que celles des auteurs bibliques s'étendent sur plus d'un millénaire.

En revanche, la pensée de Maslow apparaît beaucoup plus unifiée, claire et accessible, tout en poursuivant la même visée fondamentale que la Bible, à savoir : découvrir et communiquer la façon dont l'être humain doit vivre pour être heureux.

Ces préambules permettront, je l'espère, de comprendre que je ne veux rien prouver, mais que je veux découvrir. Dans les nombreux rapprochements que je ferai, certains pourront apparaître évidents, voire superflus, d'autres discutables. J'espère qu'entre ces deux catégories, d'autres rapprochements permettront de mieux saisir les moyens qui sont proposés à la personne désireuse de s'engager plus avant dans sa croissance.

L'expérience la plus merveilleuse...

La façon dont Maslow s'y prit pour explorer l'expérience-sommet consista tout simplement à poser aux gens la question suivante, soit dans une entrevue individuelle, soit par écrit: «J'aimerais que tu penses à l'expérience la plus merveilleuse de ta vie; les moments les plus heureux, moments d'extase, soit parce que tu étais amoureux, que tu écoutais de la musique, que tu étais frappé tout à coup par un livre ou une peinture, ou encore une expérience intense de création. Énumère d'abord ces moments, et essaie ensuite de me dire comment tu te sentais alors, comment cette expérience différait de ta façon habituelle de sentir.[1]»

Lorsque Maslow se mit en frais d'analyser cette masse d'informations ainsi recueillies, il s'aperçut que les expériences rapportées présentaient une structure commune. Voici les grandes lignes de cette structure:

1   les sujets se disent désorientés dans le temps et dans l'espace, totalement absorbés par ce qu'ils sont en train de percevoir; lorsqu'ils émergent de leur expérience, ils doivent se resituer dans la réalité extérieure;

2   plutôt que d'être actif, centré sur une tâche ou sur la satisfaction d'un besoin, le sujet se trouve dans une phase de détente, de repos, de réceptivité; il connaît en se laissant pénétrer par ce qu'il voit et ce qu'il ressent, plutôt qu'en analysant et en critiquant ce qu'il perçoit;

---

1. A. Maslow, *Toward a Psychology of Being*, 2nd Edition, Princeton, New Jersey, Van Nostrand, 1968 (© 1962), p. 71.

3   le sujet se sent complètement abandonné à son expérience, au-delà de toute inhibition et de toute peur; il se trouve complètement immergé dans son expérience, qu'il ressent comme bonne, complète en elle-même, et qu'il ne sent pas le besoin d'analyser ou d'évaluer; il se sent non évaluatif et «acceptant» face à lui-même et face à la réalité perçue;

4   les sujets réagissent à leur expérience par un mélange d'émerveillement, de révérence, d'humilité comme face à quelque chose de très grand; Maslow traduit ainsi ce sentiment: «C'est trop merveilleux. Je ne sais pas comment je fais pour supporter cela. Je pourrais mourir tout de suite et ça serait dans l'ordre.»

Exemples d'expériences-sommet

Les expériences-sommet surviennent à l'improviste, dans des contextes très variés. Une femme donne une réception où tous ses invités s'amusent bien. Lorsque les derniers ont quitté, laissant la maison complètement en désordre, l'hôtesse se laisse tomber sur un fauteuil. Elle se sent subitement envahie par une grande bouffée de bonheur et de vie.

Un étudiant me rapporte l'expérience suivante. Il marche sous la pluie, seul dans une ville étrangère. Sans raison apparente, il se sent tout à coup envahi de chaleur, et se met à pleurer. Il sent tellement d'amour en lui qu'il voudrait étreindre tous les gens qu'il croise dans sa marche.

D'autres sujets vivent leurs expériences-sommet dans la cuisine, en préparant le déjeuner pour la famille ou en donnant le sein à leur bébé, dehors en regardant un coucher de soleil...

Les contextes les plus fréquemment rapportés sont l'expérience de faire l'amour, et l'expérience de la musique (que l'on écoute ou que l'on fait) et de la danse. Les expériences-sommet peuvent survenir selon des intensités variables. Maslow observe que «des expériences-sommet de plus faible intensité se sont produites après un bon souper avec de bons amis, alors que l'homme fumait tranquillement un bon cigare[2]».

Les effets sur le fonctionnement du sujet

Maslow est convaincu de l'existence d'effets durables sur le fonctionnement des sujets étudiés, même si cette existence n'a pas encore été empiriquement prouvée. Tous les sujets s'entendent pour dire que ces effets existent dans leur cas, que ce soit les sujets interrogés par lui ou ceux dont il a recueilli le témoignage dans la littérature religieuse, artistique ou philosophique. Ces effets sont les suivants[3] :

1   effets thérapeutiques à l'occasion, au sens de la disparition de symptômes ;

2   le sujet évolue vers une image plus positive de lui-même (comme quelqu'un de valable, disposant de ressources, etc.) ;

3   le sujet est plus confiant et plus ouvert dans ses relations interpersonnelles ;

4   le sujet devient plus lui-même, plus intégré, spontané, créateur ;

5   il conserve de son expérience le souvenir de quelque chose d'important, de désirable, qu'il tente de reproduire ;

6   le sujet demeure convaincu que la vie peut être belle, excitante, bonne, vraie et chargée de sens, même si son existence quotidienne lui apparaît morne, pénible ou peu gratifiante ;

7   étant donné que les expériences-sommet ne sont ni voulues, ni organisées par le sujet, mais qu'elles lui arrivent spontanément, le sujet en conserve souvent un sentiment de gratitude, face à

---

2. A. Maslow, "Lessons From the Peak-Experiences", in *Journal of Humanistic Psychology*, Vol. 2, 1962, p. 11.
3. Maslow, *Toward...*, p. 101.

Dieu, à la nature, au destin, à l'humanité, à ses parents, au monde ;

8   le sentiment de gratitude décrit ci-haut mène fréquemment à un sentiment d'amour universel, au désir de faire quelque chose de bon pour les autres, parfois même au sentiment de devoir remettre à d'autres, sous forme d'amour, ce que le sujet a reçu gratuitement.

Expériences-sommet et religion

Selon Maslow, toute religion origine d'une révélation reçue, ou d'une illumination ou d'une extase vécue par un prophète ou un initiateur. C'est ainsi que toutes les grandes religions se présentent comme révélées, et visent foncièrement la diffusion de ces révélations initiales telles que transmises par leur fondateur.

Or, pour Maslow, ces expériences premières des grandes figures religieuses sont structurellement les mêmes que celles que l'on peut aujourd'hui étudier chez nos contemporains. Ainsi, l'expérience «typiquement religieuse» ou «transcendante» ou «sommet» serait commune non seulement aux grandes religions entre elles, mais aussi à tout ce qui peut être vécu dans ce sens de nos jours.

À ces figures religieuses ouvertes aux expériences-sommet, qu'il désigne du terme général de prophètes, Maslow oppose les organisateurs ou les hommes de loi qui, eux, sont plutôt fermés aux expériences-sommet. Il y a en effet une opposition très nette entre les «peakers» d'une part et les «non-peakers» d'autre part. (Le terme anglais «peak» signifie «sommet».)

«Peakers» et «non-peakers»

Le «peaker» type, c'est-à-dire le prophète, est un être qui a découvert sa propre réalité de l'intérieur, qui a accédé ainsi non seulement à sa propre identité, mais aussi à la sensibilité éthique et à ce qu'il appelle le

«mystère de Dieu», à partir de son expérience personnelle.

À l'opposé, le «non-peaker» apparaît comme l'ec-
clésiastique légaliste qui appartient à l'institution et qui
vit par elle, qui sert de relais entre l'institution et le
peuple. Le «non-peaker» a peur de ce qu'il sent bouger
au fond de lui. S'il se laissait aller à la vivre, l'expérience-
sommet lui apparaîtrait comme une sorte de crise de
folie, une perte de contrôle de lui-même, une invasion
dangereuse de l'irrationalité.

En principe, le «non-peaker» est capable des mêmes expériences-sommet que le «peaker». Contrairement à ce dernier, cependant, il a tendance à les réprimer
ou à les bloquer ou, si elles émergent quand même, à
les déformer, les nier ou les oublier.

C'est pourquoi les «non-peakers» deviennent des
êtres soit très rationnels (centrés sur les idées, sur les
chiffres), soit très empiriques (centrés sur les réalités
«concrètes»: les faits, la matière), soit encore très conformistes (centrés sur ce qui se passe autour d'eux plutôt que sur ce qui se passe en eux), voire très méticuleux
(centrés sur les moyens plutôt que sur les fins, sur les
détails plutôt que sur les ensembles).

Le durcissement des religions

«Peakers» et «non-peakers» présentent donc des
fonctionnements psychologiques significativement différents. Or, Maslow observe qu'avec le temps, les religions tendent à passer de l'inspiration des «peakers»
(c'est-à-dire des grandes figures prophétiques qui se
trouvent à leur source) au contrôle des «non-peakers»
qui mettent plutôt l'accent sur les impératifs de l'organisation (contrôles, lois, bureaucratie...).

Il s'ensuit que l'expérience-sommet, qui est à la fois
la source et la visée de toute religion, doit alors passer
par la médiation problématique des «non-peakers».
Bien souvent, les permanents des religions apparaîtront
comme des ecclésiastiques-légalistes plutôt fermés à leur
expérience intérieure. Dans les postes clés de l'institu-

tion, on retrouvera peu de «peakers» ouverts à leurs expériences-sommet et capables de les utiliser autant dans leur croissance personnelle que dans leurs relations interpersonnelles.[4]

Six conclusions

En terminant, on peut synthétiser ces recherches et ces réflexions sous forme de six propositions succinctes :

1   l'expérience-sommet n'est réservée ni à des personnes particulières (les mystiques), ni à des environnements particuliers (les églises ou les monastères) ;

2   l'expérience-sommet n'est pas une expérience extraordinaire au sens où elle s'accompagnerait de phénomènes spectaculaires (extase, lévitation, stigmates...) ; elle est une expérience foncièrement ordinaire et relativement répandue ;

3   il s'ensuit que la différence entre «peakers» et «non-peakers» n'en est pas une de *nature,* mais de *degré* ; l'augmentation de la sécurité personnelle apparaît donc de nature à faciliter l'émergence des expériences-sommet ;

4   l'expérience-sommet n'est pas un intermède isolé dans l'existence du sujet ; elle entraîne des conséquences sensibles dans son fonctionnement personnel ;

5   l'intensité et la fréquence des expériences-sommet sont reliées à des variables psychologiques, et principalement à la sécurité personnelle des sujets ;

6   à l'intérieur des religions organisées, on retrouve sous le clivage entre traditionnels et progressistes, l'opposition entre ceux qui sont facilement

---

4. Ces points sont développés dans A. Maslow, *Religions, Values and Peak-Experiences*, Penguin Books, 1976 (© 1970), pp. 19-29.

en contact avec leur expérience personnelle et ceux qui le sont sensiblement moins.

Nous poursuivrons cette réflexion au chapitre suivant.

2

JÉSUS ET L'EXPÉRIENCE-SOMMET

> Je suis venu pour que les brebis aient la vie en abondance.
>
> Jean 10, 10
>
> Pris de peur, je suis allé enfouir ton talent.
>
> Matthieu 25, 25

Dans les paraboles de la perle et du trésor (Mt 13, 44-46), Jésus affirme — ou du moins laisse entendre — qu'il y a deux façons passablement différentes de vivre une expérience-sommet. La première consiste à s'y préparer systématiquement, à prendre tous les moyens requis pour que cette expérience se produise. La seconde façon semble bien différente de la première, puisqu'elle se résume à accueillir cette expérience, lorsque celle-ci surgit sans qu'on ait rien fait pour la provoquer.

Deux « peakers » différents

En parlant de la découverte du « Royaume », en effet, Jésus parle d'une expérience transcendante ou d'une expérience-sommet toute spéciale : la venue subite à la foi religieuse. Cette expérience peut être vécue de façons différentes : découvertes de ses espaces intérieurs, de l'amour englobant de « Dieu », d'un sens nouveau à sa vie, de la fraternité humaine...

Quelle que soit cette expérience, Jésus dit qu'elle peut être vécue par deux « peakers » différents. Le premier, le chercheur de perles, vit son expérience-sommet après s'y être dûment préparé, c'est-à-dire après avoir systématiquement mis en place toutes les conditions susceptibles de favoriser l'émergence de cette expérience-sommet. En langage non imagé, cela pourrait équivaloir aux conditions suivantes : solitude physique (Maslow dit que les expériences-sommet surviennent généralement alors que les sujets se trouvent seuls), climat de disponibilité intérieure, fréquentation de maîtres spirituels, etc.

Quant à la seconde façon de vivre l'expérience-sommet, elle apparaît tout autre. Ici, plus question de préparation. Le «trouveur» de trésor n'est plus le chercheur professionnel de tantôt. Sa découverte est tout à fait fortuite, il n'y est pour rien, il n'a eu qu'à accueillir ce qui lui était offert. Je pense ici à un ami qui me racontait récemment ceci. Parti visiter un copain absent, il allait rentrer chez lui lorsqu'il vit à proximité «la» maison dont il rêvait. Le lendemain, l'offre d'achat était signée.

Que l'on trouve une perle toute spéciale après l'avoir longtemps cherchée ou que l'on rencontre un trésor sans l'avoir voulu, l'invitation qui filtre discrètement à travers ces paraboles est la même : ne laisse pas passer l'occasion, ne mets aucun obstacle, permets-toi de recevoir ce cadeau inespéré (Mt 13, 44-46).

Un «non-peaker» célèbre

Dans la parabole des talents (Mt 25, 14-30), Jésus présente deux «peakers» et un «non-peaker». Le terme «talent» désigne une unité de monnaie grecque de l'époque, et dans la parabole, il est confié en quantité différente «à chacun selon ses capacités» (v. 15). Il est donc question d'une invitation à vivre le plus intensément possible, à actualiser au maximum son potentiel humain, potentiel qui varie selon les individus.

Ultimement, cette invitation à vivre au maximum peut être comprise sur le registre de la foi comme la grâce que Dieu donne, et dans la Bible, la grâce par excellence, c'est le don de l'Esprit. Pour le croyant, l'Esprit vient justement rendre possible cette vie intense : «Je mettrai mon Esprit en vous et vous vivrez» (Ez 37, 14). Lorsque l'Esprit vient en quelqu'un, celui-ci se lève et se met à vivre : «L'Esprit vint en eux, et ils reprirent vie et se mirent debout...» (Ez 37, 10).

Mais vivre debout entraîne des risques, celui qui s'expose à la pleine grandeur, à son environnement et aux événements prend davantage de risques que celui qui vit replié sur lui-même. C'est justement pourquoi le troisième serviteur, qui représente le «non-peaker», a le réflexe d'enfouir l'«Esprit», de ne pas laisser son énergie vitale monter et circuler librement dans sa vie : «pris de peur, je suis allé enfouir ton talent» (v. 25).

Avec cette parabole, Jésus se place à un plan existentiel et il affirme : malgré les apparences, c'est finalement bien plus dangereux de vivre replié sur soi que de vivre à découvert. S'il en est ainsi, c'est que la personne ouverte à son énergie peut faire des erreurs partielles, mais elle réussit l'ensemble de sa vie. Inversement, la personne coupée de son énergie évite les erreurs de parcours, mais elle ne se rend nulle part, parce qu'elle n'est pas en marche !

On a donc ici, campées à grands traits par Jésus, les dynamiques psychologiques du «peaker» et du «non-peaker». Alors que ce dernier se dit : «si je me laisse vivre, je vais me faire mal», le premier dit : «si je me laisse aller à vivre, ça ne peut qu'être bon pour moi».

Une critique sévère des «non-peakers»

Personne ne vit isolé. Si je vis en contact avec mon énergie, je communique non verbalement le message suivant à mon entourage : c'est bon de vivre en contact avec soi-même. Si je vis coupé de moi-même, je communique le message inverse : c'est dangereux de laisser monter ce qui bouge au-dedans de soi.

Ce phénomène se trouve amplifié lorsqu'une personne est en autorité. D'une part, en effet, elle se retrouve le point de mire d'une multitude d'individus. Et par ailleurs, elle affecte en plus la vie de ces individus par son style de *leadership* et par le genre de décision qu'elle prend ou qu'elle fait prendre.

Dans l'évangile, Jésus apparaît conscient du fait que les permanents de l'institution religieuse du temps étaient en majorité des «non-peakers». C'est pourquoi on retrouve dans l'évangile une critique extrêmement acérée de ce style de *leadership,* et, derrière ce style, du fonctionnement personnel des *leaders* religieux.

En s'inspirant de la dynamique psychologique du « non-peaker » campée au chapitre précédent, il est intéressant de relire la critique des autorités religieuses que nous trouvons dans Luc 11, 37-52 :

1   des personnes coupées de leurs émotions parce que menacées par ce qui se passe en elles : « Vous purifiez l'extérieur de la coupe et du plat, et votre intérieur à vous est rempli de rapine et de perversité ! » (v. 39) ;

2   des personnes centrées sur les détails plutôt que sur l'ensemble : « Malheur à vous, Pharisiens, qui acquittez la dime de la menthe, de la rue et de toutes les plantes potagères et qui négligez la justice et l'amour de Dieu ! » (v. 42) ;

3   des personnes conformistes, c'est-à-dire centrées sur les apparences et sur ce que les gens pensent autour d'elles : « Malheur à vous, Pharisiens, qui tenez à occuper le premier siège dans les synagogues et à recevoir les salutations sur les places publiques ! » (v. 43) (Si je suis moi-même, peut-être qu'on ne me saluera plus...) ;

4   des personnes que leur insécurité rend très contrôlantes, lorsqu'elles se retrouvent en situation d'autorité : « À vous aussi, légistes, malheur, parce que vous chargez les gens de fardeaux insupportables... » (v. 46) ;

5   Enfin, des personnes qui se montrent très réfractaires aux « peakers », dont le fonctionnement personnel est à l'inverse du leur : « Vos pères ont tué les prophètes. » « Vous approuvez les actes de vos pères (...). C'est bien pourquoi la Sagesse de Dieu a dit : Je leur enverrai des prophètes et des apôtres ; il en tueront et persécuteront... » (vv. 48-49).

Cette critique systématique du style des « non-peakers » se trouve ramassée au verset 52 : « Malheur à vous, légistes, parce que vous avez enlevé la clé de la science! Vous-mêmes n'êtes pas entrés, et ceux qui voulaient entrer, vous les en avez empêchés!»

Ce qui ressort de ce passage, c'est que, pour s'empêcher de vivre l'expérience intérieure, les autorités religieuses se font une religion extérieure qui empêchera alors les croyants de se centrer sur leur propre expérience. C'est comme si Jésus leur disait: Vous aviez la clé, vous aviez accès à l'Écriture, aux intuitions des prophètes, au cœur de l'expérience spirituelle d'Israël, à la prière. Mais vous vous êtes organisés non seulement pour éviter vos expériences-sommet, mais même pour empêcher les autres de vivre les leurs!

Les expériences-sommet de Jésus

Les évangiles s'intéressent à la *signification* des paroles et des actions de Jésus, plutôt qu'à la façon dont ces paroles et ces actions ont été vécues historiquement. On dirait aujourd'hui qu'ils se préoccupent davantage du contenu que du processus!

C'est pourquoi il n'est pas toujours facile de retracer le vécu personnel de Jésus, derrière ce que les évangiles nous présentent. Nous examinerons quand même deux épisodes qui correspondent selon moi à des expériences-sommet vécues par Jésus.

«À cette heure même, il tressaillit de joie sous l'action de l'Esprit Saint et dit: Je te bénis, Père, Seigneur du ciel et de la terre, d'avoir caché cela aux sages et aux habiles et de l'avoir révélé aux tout petits.» (Lc 10, 21).

Les «peakers» disent se sentir intérieurement envahis par une bouffée d'énergie, et vivre à ce moment-là une joie profonde. Nous retrouvons ici ces trois éléments caractéristiques de soudaineté, de poussée intérieure et de joie.

Voyons maintenant l'épisode de la Transfiguration. Certains commentateurs croient que ce récit a été inventé de toutes pièces dans le but de confirmer l'intimité qui aurait existé entre Jésus et le Père, en prévision des événements troublants de la Passion. Je suis plutôt porté à penser qu'il y a un soubassement historique à cet épisode.

Il s'agit pour moi d'une expérience intérieure intense que Jésus a vécue quelque temps avant sa Passion. Jésus semble devenir de plus en plus conscient qu'il aura à «beaucoup souffrir». Cette expression encadre d'ailleurs le récit de la Transfiguration dans Marc (8, 31 et 9, 12) et Matthieu, alors que Luc fait référence directe à la Passion à l'intérieur même du récit de la Transfiguration (Lc 9, 31).

Face à la perspective de cette souffrance, Jésus fait l'expérience intense de son intégrité intérieure, et cela le remplit d'énergie pour s'abandonner à son destin. Dans cette perspective, les descriptions de Maslow acquièrent un relief saisissant, et elles prennent même l'allure d'un commentaire théologique du cheminement de Jésus vers sa mort.

Reprenons tout simplement dans ce sens les mots utilisés plus haut (p. 19) pour décrire «les effets de l'expérience-sommet sur le fonctionnement du sujet».

> «Le sujet devient plus lui-même. (...) Il conserve de son expérience le souvenir de quelque chose d'important. (...) Le sujet demeure convaincu que la vie peut être (...) vraie et chargée de sens, même si son existence quotidienne lui apparaît pénible. (...) Il conserve souvent de ses expériences-sommet un sentiment de gratitude face à la nature ou face à «Dieu» (s'il est croyant), ce qui mène fréquemment à un sentiment d'amour universel, au désir de faire quelque chose de bon pour les autres» (Jésus dirait: «de donner sa vie pour ceux qu'on aime» — Jn 15, 13).

Je crois qu'on appauvrit vraiment l'évangile si, au lieu de voir dans le récit de la Transfiguration l'évocation d'une expérience-sommet privilégiée dans le cheminement de Jésus, on n'y voit qu'une construction littéraire de la part des rédacteurs de l'évangile.

La facilitation de l'expérience-sommet

Nous avons été jusqu'ici assez durs pour les permanents de la religion organisée, comme s'ils ne pouvaient que freiner les expériences-sommet. Il y a heureusement des exceptions, et j'aimerais en mentionner une en terminant.

Le prêtre Eli habitait le sanctuaire de Silo, où il élevait le jeune Samuel. Une nuit, celui-ci est éveillé par quelque chose qu'il ne comprend pas, et il a le réflexe d'aller trouver Eli pour se faire expliquer ce qui se passe. Lorsqu'Eli finit par réaliser ce que Samuel est en train de vivre, il le renvoie à lui-même et l'encourage à accueillir ce qui monte, tout simplement.

«Eli comprit que c'était Yahvé qui appelait l'enfant et il dit à Samuel: 'Va te coucher et si on t'appelle, tu diras: Parle, Yahvé, car ton serviteur écoute.'» (I S 3, 8-9). Si tu sens quelque chose en toi, mets-toi à l'écoute. N'interromps pas cette expérience pour aller chercher de la sécurité dans la compagnie de quelqu'un d'autre. Ne va pas demander à quelqu'un d'extérieur de te dire ce qui se passe en toi. Ce n'est pas le prêtre qui sait ce qui est bon pour toi, mais toi-même, si tu sais écouter tes voix intérieures...

Pour les croyants qui voudraient amorcer une réflexion sur la relation pastorale, le présent passage constituerait un excellent point de départ! Être pasteur, d'après ce texte, c'est aider les gens à se mettre à l'écoute de leurs voix intérieures en étant convaincu que c'est le Seigneur qui s'exprime par elles. Être pasteur, c'est ainsi faciliter l'émergence de l'expérience intérieure, c'est éveiller le «peaker» qui sommeille en chacun de nous.

Être pasteur, c'est croire que l'«Esprit» est actif, que ses poussées en nous sont efficaces, que les expériences-sommet exercent un impact réel sur notre fonctionnement.

«Samuel grandit. Yahvé était avec lui et ne laissa rien tomber à terre de tout ce qu'il lui avait dit.» (v. 19). Je traduis: Samuel grandit, ses expériences intérieures stimulaient efficacement sa croissance... sous le regard bienveillant de cet être qu'il appelait Dieu.

3

PAUL ET L'EXPÉRIENCE-SOMMET

> L'inconscient contient les racines
> de la créativité, de la joie, du bon-
> heur, de la bonté et de ses pro-
> pres valeurs et requêtes éthiques.[5]
>
> Maslow
>
> Puisque l'Esprit est notre vie, que
> l'Esprit nous fasse aussi agir.
>
> Galates 5, 25

Dans les évangiles synoptiques, l'Esprit est surtout mentionné en relation avec des situations dramatiques, ou encore en relation avec des événements miraculeux. Parmi les auteurs bibliques, Paul est certainement celui qui s'est le plus préoccupé de comprendre l'action de l'«Esprit» dans le fonctionnement normal de la personnalité. C'est pourquoi sa pensée présente un intérêt tout particulier en relation avec l'expérience-sommet d'une part, et avec la réflexion éthique d'autre part.

Paul n'évacue cependant pas le caractère mystérieux de l'action de l'Esprit, même dans le fonctionnement quotidien. C'est pourquoi la description suivante, qui provient d'un théologien biblique, servira de point de départ à l'exploration de la pensée de Paul. «*Esprit* tend toujours à désigner dans un être l'élément essentiel et insaisissable, ce qui le fait vivre et ce qui émane de lui sans qu'il le veuille, ce qui est le plus lui-même et ce dont il ne peut se rendre maître.[6]»

---

5. A. Maslow, *The Farther Reaches of Human Nature*, Penguin Books, 1976 (© 1971), p. 167.
6. J. Giblet, article *Esprit,* dans *Vocabulaire de Théologie biblique,* Paris, Cerf, 1974, colonne 388.

En relation avec l'expérience-sommet, nous retiendrons surtout l'aspect suivant de la théologie biblique de l'«Esprit». «Les grands symboles de l'Esprit, l'eau, le feu, l'air et le vent (...) évoquent surtout l'envahissement d'une présence, une expansion irrésistible et toujours en profondeur.[7]»

Esprit et psychologie

Plusieurs psychologues assimileraient sans doute cette «expansion irrésistible venue de la profondeur» au concept d'énergie. Pour les psychologues de l'approche de l'«abandon corporel», par exemple, l'énergie physique, organismique, circule en nous par secousses irrégulières, on pourrait dire par décharges ou par poussées. Dans la vie courante, le terme qui décrit le mieux cette décharge subite d'énergie est le terme de «cri». Or, c'est justement ce terme que Paul emploie pour décrire l'action de l'«Esprit» dans le fonctionnement normal de la personnalité. Voyons quelques textes.

Disons d'abord que pour Paul, l'«Esprit» habite le corps humain comme dans un lieu normal et non pas seulement comme un simple lieu de passage pour une inspiration subite. «Ne savez-vous pas que votre corps est un temple du Saint-Esprit, qui est en vous...?» (I Co 6, 19). Or, un des modes de manifestation spécifiques de l'Esprit, c'est le cri. «Vous avez reçu un esprit de fils adoptifs qui nous fait nous écrier: Père!» (Rm 8, 15). Dans ce passage, on pourrait toujours comprendre que c'est la personne humaine qui crie, et non pas directement l'Esprit en elle. Dans le passage suivant, le sens est plus clair: «Dieu a envoyé dans nos cœurs l'Esprit de son Fils qui crie: Père!» (Ga 4, 6).

Dans un cas, la poussée d'énergie est attribuée à l'être humain, et dans l'autre cas, la même poussée d'énergie est directement attribuée à l'«Esprit». En fait, il y a pour Paul fusion intime de ces deux énergies, au plus

---

7. Giblet, *Esprit...*, colonne 391.

intime de l'être: «L'Esprit en personne se joint à notre esprit...» (Rm 8, 16).

Ailleurs, Paul décrira l'action de l'«Esprit» dans l'être humain en termes de «gémissements inexprimables», en termes de «désir» (Rm 8, 26-27). Ce dernier terme est très précieux, car il permet de bien comprendre que ces cris, ces poussées d'énergie, ces gémissements, ne sont pas aveugles ou automatiques, mais qu'ils sont *orientés*: l'énergie circule en nous en poursuivant une finalité spécifique, même si nous n'en avons pas toujours conscience à la surface de notre être.

Les suites de la montée de l'Esprit

Lorsque Paul affirme que l'Esprit crie ou fait crier «Père», le croyant comprend: l'Esprit oriente ou fait orienter vers Dieu. Or, pour Paul, Dieu est amour, et en aimant, on accomplit «toute la loi en sa plénitude» (Ga 5, 14). Pour lui, la présence de Dieu dans la personne a justement pour effet d'orienter son être vers des comportements inspirés par l'amour: «Vous avez personnellement appris de Dieu à vous aimer les uns les autres...» (1 Th 4, 9). Au verset précédent, Paul précise d'ailleurs que la façon dont Dieu s'y prend pour permettre à l'être humain de faire l'apprentissage de l'amour, c'est justement en faisant à sa créature «le don de son Esprit Saint».

Dans Romains 5, 5, Paul redit la même chose, cette fois à propos de l'amour de Dieu: «L'amour de Dieu a été répandu dans nos cœurs par le Saint-Esprit qui nous fut donné».

Un peu comme les sujets qui observaient les effets de leurs expériences-sommet, Paul a observé que les effets de la montée de l'«Esprit» sont les suivants: «Amour, joie, paix, longanimité, serviabilité, bonté, confiance dans les autres, douceur, maîtrise de soi» (Ga 5, 22-23). Mettons en parallèle les effets de l'expérience-sommet et les «fruits de l'Esprit».

De plus, dans l'expérience-sommet, Maslow rapporte que le sujet est «non évaluatif, acceptant» face à la réalité perçue (personnes et situations). Ce trait recouvre une dimension de la longanimité (indulgence face aux travers d'autrui) et le fruit de la paix.

Effets de l'expérience-sommet	Fruits de l'Esprit
1 Effets thérapeutiques à l'occasion	
2 Image de soi plus positive	
3 Plus confiant et plus ouvert dans ses relations interpersonnelles	Confiance dans les autres
4 Plus lui-même et plus intégré	Maîtrise de soi
5 Valorise l'expérience qu'il a faite, tente de la reproduire	
6 Capacité de porter les aspects pénibles de la vie	Longanimité
7 Gratitude face au monde et à «Dieu» (s'il est croyant)	
8 Sentiment d'amour universel	Amour – bonté – douceur – paix
9 Désir de faire quelque chose de bon pour les autres	Serviabilité

Sur les neuf «fruits de l'Esprit» mentionnés dans ce passage par Paul, seuls la joie et la maîtrise de soi ne se retrouvent pas spécifiquement dans la description des effets de l'expérience-sommet, mais la joie y est implicitement contenue, aux numéros 2, 3, 4, 6 et 7. Reste la question de la maîtrise de soi. À première vue, ce fait apparaît intrigant. Comment se fait-il qu'il n'y ait aucune trace de ce fruit de l'Esprit dans les effets de l'expérience-sommet? Cette question nous amène à faire un détour par la psychologie des émotions.

Les concepts clés auxquels il faut avoir recours ici sont les concepts complémentaires de répression et d'intégration. L'observation montre qu'il y a souvent un lien entre la répression des émotions et leur interférence dans le comportement. Le psychologue Rollo May écrit dans ce sens: «Ce sont justement les émotions et les désirs qui ont été réprimés qui reviennent par la suite pour faire agir la personne compulsivement.» Plus je réprime une émotion, plus j'aurai de la difficulté à avoir un comportement harmonieux dans le secteur associé à cette émotion. Si je réprime ma tendresse parce qu'il me faut tenir les gens à distance, j'aurai beaucoup de mal à m'empêcher d'être agressif ou à m'empêcher d'être froid avec les gens, malgré mon désir sincère d'être plus chaleureux et plus accueillant.

Inversement, plus j'ai intégré les différentes dimensions de mon affectivité (tendresse, agressivité, sexualité...), moins mes émotions «interfèrent» et plus elles s'harmonisent avec mes comportements. May écrit ainsi: «Plus une personne est intégrée, moins ses émotions deviennent compulsives. Chez la personne mûre, les sentiments et les besoins se présentent dans une configuration.[8]»

La difficulté se trouve résolue. Lorsque Maslow observe que l'expérience-sommet laisse le sujet «plus lui-même et plus intégré» dans sa personnalité, et lorsque Paul observe que celui qui accueille l'Esprit manifeste davantage de maîtrise de soi, il est question de la même réalité dans les deux cas.

On peut donc parler d'un recouvrement très significatif dans les deux descriptions. Que ce soit l'énergie qui monte du fond de l'organisme ou l'Esprit qui inspire à partir des profondeurs du cœur, on observe les mêmes effets concrets dans le comportement du sujet.

L'expérience étouffée et l'«Esprit» éteint

Maslow estime que tout le monde vit des expériences-sommet, ou du moins que tout le monde peut en vivre. De son côté, Paul affirme que tous les gens à qui il s'adresse (les chrétiens) ont reçu l'Esprit, et donc que tous peuvent en vivre. Dans les deux cas, la possibilité théorique ne se trouve pas toujours réalisée dans les faits: d'une part, il y a des gens qui ne vivent pas d'expé-

---

8. R. May, *Man's Search For Himself*, New York, Signet, 1967 ([©] 1953), p. 97.

riences-sommet (les «non-peakers»), et d'autre part, il y a des chrétiens qui ne vivent pas «dans l'Esprit». Tout comme Maslow dit que l'on peut réprimer ou tuer dans l'œuf une expérience-sommet, Paul dit que l'on peut «éteindre l'Esprit» (I Th 5, 19).

Nous pouvons retrouver dans la pensée de Paul l'équivalent de la distinction de Maslow entre «peakers» et «non-peakers». Il s'agit de la distinction que Paul établit entre «l'homme spirituel» et «l'homme psychique». Mettons en parallèle ces deux distinctions.

Expérience-sommet	Expérience de l'Esprit
«Le *non-peaker* réprime ses expériences-sommet.»	«L'*homme psychique* n'accueille pas ce qui est de l'Esprit de Dieu.»
«Le *non-peaker* regarde ses expériences-sommet comme une sorte de folie.»	«Ce qui est de l'Esprit de Dieu est folie pour l'*homme psychique.*»
«Le *peaker* type a découvert sa vérité sur Dieu de l'intérieur, à partir de ses expériences personnelles, à partir de ce qu'il considère comme une révélation.[9]»	«Ce qui n'est pas monté au cœur de l'homme», c'est à l'*homme spirituel* «que Dieu l'a révélé par l'Esprit; l'Esprit en effet scrute tout, jusqu'aux profondeurs divines.» (1 Co 2, 10-15).

Ce parallèle parle par lui-même. Dans les deux cas, il y a une distinction entre ceux qui laissent monter et respectent ce qui monte, et ceux qui ne laissent pas monter, ne prennent pas au sérieux ou se méfient de ce qui pourrait monter. Bultmann affirme que cette distinction que Paul fait ici n'est pas explicable à partir de l'Ancien Testament, mais qu'elle provient d'une influence philosophique étrangère, le gnosticisme. Ce phénomène n'enlève pas toute valeur au passage en cause, bien au contraire. Car comme le théologien allemand le fait remarquer plus loin, «de toute évidence, Paul considère la

---

9. Maslow, *Religions...*, pp. 21-22.

terminologie gnostique comme une façon d'exprimer la compréhension chrétienne de l'existence[10] ».

Si Paul a éprouvé le besoin d'aller chercher ailleurs que dans sa tradition religieuse la distinction entre « homme psychique » et « homme spirituel », c'est qu'il jugeait important d'attirer l'attention sur ces deux types de fonctionnement différents qu'il observait autour de lui.

La dimension éthique chez Maslow

Expériences-sommet et « dons de l'Esprit » apparaissent tous deux porteurs d'exigences éthiques. Pour Maslow, il existe une corrélation évidente entre expérience-sommet et actualisation personnelle. Après avoir étudié le fonctionnement de personnes qu'il trouvait visiblement rendues loin dans l'actualisation de leur potentiel, il est arrivé à la conclusion suivante : « N'importe quelle personne, dans n'importe quelle expérience-sommet, revêt temporairement plusieurs des caractéristiques que j'ai trouvées chez les individus auto-actualisants *(self-actualizing).* »

Succinctement, voici les caractéristiques que Maslow a observées chez les personnes « en voie d'actualisation » :

1   meilleure perception de la réalité ; les faits sont perçus tels qu'ils sont plutôt que tels qu'on aimerait qu'ils soient ;

2   très bonne acceptation de soi, d'autrui, des limites inhérentes à la nature humaine ;

3   spontanéité plus grande dans l'expression des émotions et des idées ;

4   tendance à se centrer sur les tâches extérieures, étant relativement exemptes de problèmes intérieurs ;

---

10. R. Bultmann, *Theology of the New Testament*, Vol. 1, New York, Charles Scribner's Sons, 1951, p. 181.

5 plus grand besoin de solitude, de façon à pouvoir se rendre présentes aux questions importantes;

6 autonomie, fidélité à soi-même au risque de perdre de la popularité;

7 capacité d'apprécier les joies de la vie: un enfant, un coucher de soleil, une fleur;

8 fréquence des expériences-sommet;

9 compassion et solidarité envers l'humanité;

10 relations privilégiées avec quelques personnes;

11 attitude démocratique, percevant autrui sur la base de son individualité plutôt qu'à partir de son statut, de sa religion, de sa couleur;

12 sens éthique développé, agissent en fonction de leurs convictions, même si celles-ci s'écartent des normes ambiantes;

13 sens de l'humour bienveillant face aux contradictions, prétentions et erreurs d'autrui, plutôt qu'humour sarcastique;

14 réactions créatrices plutôt que conformistes;

15 attitudes critiques face au milieu, plutôt que complicité face à ses contradictions et injustices.

L'énumération de ces caractéristiques permet d'établir une correspondance très étroite avec les effets de l'expérience-sommet, tels qu'on les a décrits à la page 19. Sur la base de ces faits, on peut affirmer ceci: grandir, s'épanouir, réaliser sa vocation humaine, c'est se rendre accueillant aux expériences-sommet qui cherchent à monter du fond de soi.

Dès lors, l'«actualisation» n'est pas une étiquette que l'on accole à certaines personnalités privilégiées lorsqu'elles ont atteint l'âge de leur retraite ou le faîte de leur gloire (Einstein, Gandhi, Martin Luther King...). L'actualisation se réalise plutôt par une série d'épisodes dans lesquels «les pouvoirs de la personne s'articulent d'une façon particulièrement efficace, intense et plaisante, et dans lesquels la personne devient plus intégrée, elle-même, et ouverte à son expérience[11] ».

Ceci permet de préciser l'exigence éthique telle qu'elle se dégage des recherches de Maslow. Pour devenir plus juste, plus vrai, plus aimant, plus solidaire d'autrui, il y a une seule condition nécessaire et suffisante : se faire accueillant envers l'énergie qui cherche à monter du fond de soi, se faire docile aux manifestations de cette énergie, se laisser instruire par elles.

La dimension éthique chez Paul

On retrouve sensiblement la même exigence éthique chez Paul. Alors que l'on pourrait résumer la pensée de Maslow sur l'expérience-sommet en disant : il y a une énergie féconde en nous : laissons-la agir !, Paul s'exclame : « Puisque l'Esprit est notre vie, que l'Esprit nous fasse aussi agir ! » (Ga 5, 25)

Comme le théologien Bultmann le fait remarquer, l'Esprit est chez Paul « à la fois la *source* de la vie nouvelle et la *norme* pour les comportements concrets[12] ».

C'est ici que les fameuses oppositions de Paul entre l'esprit et la lettre (2 Co 2, 6), la loi et la liberté (Ga 3-5), la crainte et la confiance (Rm 8, 14-16) trouvent leur point d'ancrage dans la psychologie de la personne humaine.

Paul découvre qu'il y a un au-delà à la loi, à la crainte ; stimulé par l'événement de la résurrection de Jésus, il découvre dans la personne humaine des possibilités nouvelles. Une vie de liberté et de bonheur est possible ; l'énergie, la possibilité sont là, données, offertes. Il s'agit de les accueillir, « il s'agit de devenir une créature nouvelle » (Ga 6, 15). Et ceci, en évitant de se durcir et de bloquer la montée de l'énergie en soi, en évitant de « contrister l'Esprit » (Ep 4, 30) ou de l'« éteindre » (1 Th 5, 19), mais au contraire, en « se laissant mener par

---

11. Maslow, *Toward...*, p. 97 ; voir aussi *Motivation and Personality*, 2nd Edition, New York, Harper and Row, 1970 (© 1954), pp. 149-80.
12. Bultmann, *Theology...*, Vol. I, p. 336.

l'Esprit» (Ga 5, 16), «animer» par lui (v. 18), en le laissant
«habiter» en soi (Rm 8, 9).

Nous trouvons chez Paul des affirmations qui en
scandaliseraient certains, si elles étaient faites par des
psychologues: notre moi, notre conscient, a du mal à
savoir ce qui est bon pour lui, à décider comment il lui
faut agir dans une situation précise («nous ne savons
que demander pour prier comme il faut» — Rm 8, 26).
C'est pourquoi l'énergie intérieure «vient au secours de
notre faiblesse» et nous guide sûrement vers ce qui convient, même si c'est d'une façon non conceptuelle et non
logique: «l'Esprit vient au secours de notre faiblesse, (...)
il intercède lui-même pour nous en des gémissements
inexprimables» (v. 26).

Paul affirme que nous nous retrouvons ici au cœur
de la question éthique, que notre énergie intérieure nous
oriente spontanément vers ce que «Dieu» attend de
nous: «l'intercession de l'Esprit correspond aux vues de
Dieu» (v. 27). C'est pourquoi, une fois la disponibilité
intérieure acquise, toute démarche vécue par la personne
en accord profond avec elle-même est positive, épanouis-
sante et féconde: «avec ceux qui l'aiment, Dieu collabore
en tout pour leur bien» (v. 28). À un niveau profond,
docilité intérieure et rectitude éthique se confondent.

Expérience-sommet et prière

Cette «relecture» de quelques passages des écrits
de Paul à partir des observations de Maslow sur l'expérience-sommet permet de redécouvrir la prière sous un
angle bien spécial. Il y a en effet une façon d'aborder le
«mystère de la prière» qui met bien en évidence son caractère d'expérience-sommet.

Un auteur spirituel contemporain commence un volume sur la prière en demandant tout de go au lecteur:
«Avez-vous déjà surpris votre cœur en flagrant délit de
prière?» Il poursuit plus bas: «Les écrits de Silouane
ont sur moi cet effet, je ne puis les lire sans être immédiatement saisi par la prière qui ne me quitte plus. Une
mère de famille m'avouait un jour qu'elle était saisie par
des 'bouffées de prière' au beau milieu de ses occupa-

tions ménagères...[13]» Cet auteur ne semble pas connaître Maslow, et il déclare même ne pas attendre de la psychologie de lumière spéciale pour mieux saisir le mystère de la prière. Évoquant l'expérience (-sommet!) vécue par les disciples d'Emmaüs au contact de Jésus («Notre cœur n'était-il pas tout brûlant au-dedans de nous alors qu'il nous parlait en chemin?» — Lc 24, 32), l'auteur s'interroge. «Qu'est-ce qui se passe alors?» Et il répond: «Aucune psychologie humaine ne peut le dire.»

Il est donc très intéressant de voir cet auteur reprendre les mêmes observations que Maslow, alors même qu'il prend ses distances face à la psychologie. D'une part, en effet, il définit l'expérience de la prière comme une suite de «bouffées» venues du fond de l'être. Il y a une conception qui a longtemps prévalu dans la pensée chrétienne à l'effet que prier, c'était «élever son âme vers Dieu». À l'opposé de cette approche, Jean Lafrance décrit comme ceci l'expérience de la prière: «La porte secrète de notre cœur s'ouvre pour laisser jaillir la prière». Il écrit plus loin: «Par la prière du cœur, nous cherchons Dieu lui-même ou les énergies de l'esprit dans les profondeurs de notre être...».

D'autre part, l'auteur rejoint directement Maslow aussi, lorsqu'il explique la difficulté majeure de prier en termes de résistance de l'être face à l'expérience transcendante: «Le problème n'est plus de savoir comment trouver Dieu mais comment le supporter au jour de sa visite...» Cette résistance spontanée est telle qu'elle transforme des «peakers» en puissance en des «non-peakers» dans les faits, c'est-à-dire en des personnes rigides et fermées. «Si nous ne parvenons pas à bien prier, ce n'est pas à cause du manque de temps ou des distractions, mais à cause de notre cœur de pierre prisonnier d'un 'corps de mort' (Rm 7, 26).»

En contexte chrétien, on pourrait ainsi associer le «peaker» à celui qui est capable d'une prière authentique, c'est-à-dire jaillie du fond de lui-même. Le «non-peaker» serait alors associé à celui qui est encore en

13. J. Lafrance (auteur-éditeur), *La prière du cœur*, Dourgne, Abbaye Sainte-Scholastique, 1978 (Imprimatur 1975), p. 5.

attente d'une telle prière, celui qui n'a pas encore trouvé accès à sa source intérieure. Le témoignage suivant, qui est celui d'un moine devenu contemplatif, illustre bien ce passage de l'état de «non-peaker» à celui de «peaker»: «J'ai l'impression que depuis des années je portais la prière dans mon cœur, mais je ne le savais pas. Elle était comme une source qu'une pierre recouvrait. À un moment donné, Jésus a ôté la pierre. Alors la source s'est mise à couler, et elle coule toujours.[14]»

Cette approche de la prière apparaît profondément paulinienne et... maslovienne en même temps! Elle concourt à faire comprendre les intuitions profondes de Paul sur le mystère de la prière, intuitions qui n'ont pas reçu toute l'attention qu'elles méritaient de la part des théologiens et des auteurs spirituels, du moins en Occident.

La convergence psychologie, religion, éthique et spiritualité

Il ressort de notre exploration que la piste de la psychologie (avec Maslow) et la piste de la foi (avec Paul) débouchent toutes deux sur la piste de l'éthique. Nous sommes en présence non pas de parallèles, mais de convergences. D'une part, la psychologie existentialiste et la tradition judéo-chrétienne présentent les mêmes propositions fondamentales sur le fonctionnement de la personne humaine. Et d'autre part, l'éthique apparaît non pas comme une section spéciale de la philosophie ou de la théologie, non pas comme un ensemble de déductions logiques à partir de principes premiers, mais comme le prolongement inévitable des observations des psychologues et des intuitions des auteurs bibliques.

Les présupposés du psychologue (les phénomènes ont des causes, ils sont explicables) et ceux des auteurs bibliques (l'essentiel de ce qu'il faut savoir est révélé par Dieu) sont certes différents. La visée de fond du psychologue existentialiste (comment aider l'être humain à s'actualiser au maximum) et celle du pasteur (comment aider

---

14. Lafrance, *La prière...*, p. 9.

l'être humain à s'ouvrir au «projet de Dieu» sur lui) sont certes formulées différemment. Mais lorsque vient le temps de tenir à la personne humaine un langage concret et opérationnel sur ce qu'elle *doit* faire (visée éthique), psychologue et pasteur, on l'a vu, disent foncièrement la même chose: écoute non pas ton impulsion, mais le fond de toi: c'est ton guide le plus sûr!

Quant à la spiritualité, c'est-à-dire à l'attention portée au mystère de la prière, elle consiste non pas à se couper de tout pour se réfugier dans le monde des essences, mais à laisser l'«Esprit-Énergie» «intervenir dans notre vie par des impulsions mystérieuses» (traduction libre de Rm 8, 26) pour nous guider à court terme vers les bons comportements et à long terme vers l'actualisation optimale de notre être. Dans ses mots à lui, le spirituel reprend les conclusions du psychologue et de l'éthicien: «Tous les pèlerinages dans le temps et l'espace sont des pèlerinages vers le lieu du cœur.[15]»

Note   Le lecteur désireux de poursuivre sa réflexion sur le thème de ces trois derniers chapitres pourrait lire *Méditer, pourquoi et comment,* de K. G. Durckheim. Cet auteur aborde la place de l'expérience-sommet dans la vie spirituelle, et il campe à sa façon la différence entre l'«homme initiatique» (le «peaker»), et l'«homme pré-initiatique» (dans lequel on peut retrouver le «non-peaker»). La première partie de ce livre recoupe les principales affirmations qui sont contenues ici et ailleurs dans le présent volume.[16]

15. Lafrance, *La prière...*, p. 11.
16. K. Durckheim, *Méditer, pourquoi et comment*, Paris, Le Courrier du Livre, 1978 (© 1976). Sur l'expérience-sommet: en particulier les pages 18-21 et 30-31. Sur l'attitude «initiatique» et l'attitude «pré-initiatique»: pages 36; 45-47; 59 et 81.

4

LA PSYCHOLOGIE PEUT-ELLE
«TOUT EXPLIQUER»?

Transcendance et psychologie

Poser le problème chrétien de la transcendance de Dieu, c'est poser le problème de la relation entre la nature et la grâce. Si le croyant dit par exemple: «la psychologie ne peut pas tout expliquer», il affirme que le monde de la grâce transcende le monde de la nature au sens où il échappe, partiellement du moins, à ses lois. En d'autres mots, Dieu agirait parfois dans l'être humain d'une façon inexplicable en droit — et pas seulement inexpliquée en fait — (par sa transcendance), en plus d'agir dans l'être humain d'une façon naturelle, c'est-à-dire scientifiquement explicable (par son immanence).

À mon sens, la vraie question se ramène à savoir si le croyant ressent la «bonté de Dieu» et s'il est prêt en conséquence à s'ouvrir à la vie. Quand à la psychologie, ou à la science en général, on ne peut affirmer qu'elle peut tout expliquer. Une telle affirmation ne serait pas scientifique, car la science ne peut faire des affirmations qu'après coup, après avoir dûment étudié tous les faits.

Or, tout ce qu'on peut dire présentement, c'est que la science peut expliquer un certain nombre de phénomènes d'une façon relativement satisfaisante. Dire que la science peut tout expliquer (ou que Dieu peut tout) est une question de *croyance* et non pas de science. Certains misent sur la science comme d'autres misent sur l'au-delà. Libre à eux. Mais un pari demeure un pari. Chercher dans la science toute-puissante la sécurité intérieure qui fait défaut ressemble beaucoup au fait de rechercher cette sécurité dans un Dieu imaginé lui aussi comme tout-puissant. Dans les deux cas, on affirme une toute-puissance parce qu'on a *besoin* qu'elle existe.

Par ailleurs, on peut adopter comme *hypothèse* de travail qu'il est possible de tirer des conclusions légitimes et sensées de ses observations, et que *tout* est en principe objet d'observation et de réflexion, si l'on sait y mettre la patience et l'humilité nécessaires.

Jusqu'ici la psychologie n'a pas tout expliqué et il arrive que les explications qu'elle propose ne rendent pas justice aux réalités étudiées. Mais affirmer a priori qu'il y a dans la réalité des phénomènes qui resteront *toujours* inexpliqués apparaît tout aussi téméraire que d'affirmer qu'un jour tout sera expliqué.

La méthode scientifique et les mystiques

Cette position défensive n'est heureusement pas traditionnelle dans la pensée chrétienne. Tous les mystiques qui ont écrit sur leur expérience intérieure témoignent justement du contraire. Il arrive aux mystiques d'être sur leurs gardes par rapport aux théologiens et autres scientifiques qui ne leur apparaissent pas suffisamment humbles et réceptifs face à la complexité de l'expérience intérieure.

Si l'on y réfléchit bien, cependant, on s'aperçoit que les mystiques qui écrivent font eux-mêmes œuvre quasi-scientifique. Voici en effet les opérations auxquelles ils se livrent : *observation* attentive de leur réalité intérieure et des phénomènes qui y sont associés ; *description* élaborée de cette réalité et de ces phénomènes, effort d'*explication* de cette réalité et de ces phénomènes ainsi observés et décrits (par exemple : s'il se passe telle chose, c'est que Dieu est en train d'effectuer telle démarche, si Dieu effectue telle démarche, cela donne tel résultat, etc.) ; enfin, *généralisation* de leurs découvertes. Le simple fait que les mystiques-écrivains diffusaient leurs écrits signifient qu'ils étaient convaincus que les résultats de leurs découvertes pourraient se révéler valables pour d'autres. Nous avons là l'embryon de ce qui deviendra plus tard la généralisation des lois dégagées par l'investigation scientifique.

Or, observation, description et explication des phénomènes, ainsi que généralisation des lois dégagées représentent les grands moments de la démarche scientifique. Dans les sciences dites exactes, comme en chimie ou en physique, la mesure des phénomènes en termes quantifiables est possible et nécessaire, et elle permet d'ajouter d'autres opérations à la démarche scientifique, comme l'*expérimentation* à volonté (en laboratoire), la *répétition* exacte de l'expérience par d'autres chercheurs.

Mais ce qui vaut pour la chimie et la physique ne vaut pas complètement pour l'astronomie (pas d'expérimentation), pour l'histoire (pas de répétition à volonté, pas de quantification systématique), pour la philosophie ou certains secteurs de la psychologie...

L'exemple du mystique-écrivain permet donc de comprendre le psychologue qui s'intéresse à l'expérience intérieure, parce que tous deux ont foncièrement la même visée, à savoir: observer, décrire et expliquer les phénomènes associés à cette expérience et généraliser les lois ainsi dégagées.

Ce qui peut menacer l'intégrité de l'expérience intérieure, ce n'est donc pas la *visée* du scientifique, mais, le cas échéant, son attitude arrogante qui consiste à vouloir déformer la réalité intérieure pour la contraindre à se plier à ses préjugés, ses habitudes et ses instruments soi-disant scientifiques.

Cette réflexion critique permet maintenant de dégager un certain nombre de propositions face au problème de la relation entre la transcendance et l'immanence de «Dieu», ou le problème de la relation entre la «grâce» et la nature.

1   Le psychologue adopte comme *hypothèse de travail* que Dieu, s'il existe, se manifeste d'abord et avant tout par son immanence.

2   Cela signifie que l'expérience dite religieuse est vécue d'abord et avant tout sur le terrain de la nature humaine, par des êtres humains. Ces êtres humains n'ont qu'un organisme, situé dans le temps et l'espace, et donc repérable, observable et ouvert à l'interrogation et au témoignage par rapport à leur expérience intérieure.

3 Cette option méthodologique n'équivaut aucunement à nier la transcendance de Dieu. Ce qui est adopté comme hypothèse, c'est que si un Dieu transcendant existe et qu'il se manifeste d'une manière quelconque à l'être humain, celui-ci réagira en principe à partir de sa réalité humaine observable et ouverte au témoignage sur son vécu intérieur.

4 Dans le cadre de cette hypothèse, il ne saurait être question de dresser arbitrairement une frontière entre ce qui serait accessible à l'investigation du psychologue et ce qui serait réservé à la réflexion du théologien. Ce cloisonnement n'était pas rare il y a quelques années et il pouvait se formuler ainsi : « La religion adulte dépasse le niveau des critères proprement psychologiques. (...) Elle consomme la rupture entre Dieu et les mouvements psychiques de l'homme.[17] » Dans l'hypothèse méthodologique de l'immanence, c'est l'ensemble de l'expérience religieuse et chacune de ses composantes qui deviennent accessibles de droit à l'investigation scientifique. C'est pourquoi Keilbach écrit : « On ne peut pas admettre que, comme des théologiens l'affirment souvent, l'expérience authentiquement religieuse est ultimement 'grâce', et étant 'surnaturelle', échappe au domaine de la science expérimentale. » La raison en est que « même dans l'expérience de la grâce surnaturelle, la nature n'est pas simplement exclue ou supprimée, mais conservée, transformée et élevée. » Pour cet auteur, « ce sont justement les composantes permanentes et naturelles de l'acte religieux de la personne humaine qui sont le contenu de la recherche psychologique[18] ». Il est donc illusoire de tenter de maintenir, avec G. Saint-Germain, « une nette distinction entre la vie religieuse et la vie psychologique », puisque, comme cet auteur l'admet lui-même, « le psychologue clinicien, dans sa soumission à l'objet de ses investigations, rencon-

---

17. A. Vergote, *Psychologie religieuse*, Bruxelles, Dessart, 1971 (© 1966), pp. 319-20.
18. W. Keilbach, article *Psychology of Religion*, dans *Encyclopedia of Theology, The Concise Sacramentum Mundi*, Edited by Karl Rahner, New York, Seabury Press, 1975, p. 1396.

trera Dieu de façon plus ou moins explicite à travers le langage, le comportement, le système de valeurs de l'homme religieux[19] ».

Dans l'hypothèse où Dieu existe et dans l'hypothèse où il se manifeste dans la vie de l'être humain, ces manifestations deviennent accessibles au psychologue, au moins de droit. Du coup, le principe de la « nette distinction entre la vie religieuse et la vie psychologique » perd tout son sens, sur le plan de l'investigation scientifique.

5   Pour le croyant qui, de toute façon, perçoit le « mystère divin » comme transcendant infiniment sa réalité humaine, le débat transcendance-immanence devient tout à fait secondaire, voire même un peu académique. Ce qui importe pour lui, c'est de respecter le « mystère de Dieu » et de le pressentir à l'œuvre au cœur de son expérience humaine. Quant à savoir « s'il opère naturellement ou surnaturellement », cette question apparaissait un tantinet oiseuse à un mystique comme maître Eckhart. Celui-ci écrivait : « Si j'étais assez bon et assez saint pour que l'on dût m'élever au rang des bienheureux, les gens parleraient et se creuseraient encore la tête pour trouver si c'est l'effet de la grâce ou de la nature qui me fait tel que je suis, et leur embarras serait grand. C'est tout à fait absurde. Laisse Dieu opérer en toi, confie-lui le travail et ne te demande pas s'il opère naturellement ou surnaturellement ; toutes deux, la nature et la grâce, sont à Lui en effet.[20] »

6   Se mettre vraiment à l'écoute de la réalité, même si l'on est psychologue et si l'on adopte l'hypothèse de l'immanence, c'est s'exposer à devoir se convertir, lorsque la réalité ne se dévoile pas dans les formes sous lesquelles on l'attendait. Je prends ici le terme de conversion au sens premier, qui est de mourir à de vieilles façons de voir et de faire, pour renaître à

19. G. Saint-Germain, *Psychothérapie et vie spirituelle, expériences vécues*, Montréal, Fides, 1979, p. 12.
20. J. Eckhart, « Entretiens spirituels », dans *Traités et Sermons*, Paris, Aubier, édition de 1942, p. 64.

de nouvelles façons de saisir le réel et d'y répondre. C'est là l'expérience à laquelle le psychologue Maslow nous confie avoir été amené par ses recherches : «Parce qu'elle est tellement nouvelle, l'exploration des performances, des possibilités et des aspirations ultimes de la nature humaine est une tâche difficile et tortueuse. Elle a entraîné pour moi la destruction continuelle de postulats familiers, l'affrontement perpétuel avec des paradoxes apparents, des contradictions et du vague et l'effondrement occasionnel de lois de la psychologie qui étaient établies depuis longtemps, que je croyais fermement et qui m'apparaissaient indiscutables... [21] »

7 Enfin, dans cette perspective, psychologie, psychanalyse et parapsychologie ne *peuvent pas* — de soi — «faire reculer» le «mystère de Dieu». Ce qu'elles font reculer, c'est la frontière de l'erreur, de l'ignorance, de la superstition, des illusions que l'être humain entretient sur sa réalité intérieure. Plus ces sciences progresseront d'une part, plus les récits des mystiques seront lus d'autre part, et plus alors l'être humain entrera en contact avec les richesses incroyables de sa réalité personnelle, s'écriant alors : «Merveille que je suis!» et le croyant poursuivant, cette fois à l'adresse de son Dieu : «Merveille que tes œuvres!» (Ps 139, 14)

21. Maslow, *Toward...*, pp. 71-72.

5

DONS DU SAINT-ESPRIT
ET PSYCHOLOGIE ACTUELLE

> L'intelligence réside dans le cœur,
> la pensée dans le cerveau.
>
> Evagre

Les psychologues existentialistes ne sont pas les premiers à se préoccuper de croissance humaine. Pendant de longs siècles, ce fut le souci principal des auteurs et des directeurs spirituels, les premiers étant les théoriciens et les seconds les praticiens de ce courant de croissance.

On ne pourrait poursuivre davantage le parallèle, cependant, sans reconnaître les différences notables entre les auteurs et les directeurs d'alors et les psychologues d'aujourd'hui. Ces différences sont variées, les unes superficielles comme le vocabulaire par exemple, les autres plus profondes comme la vision de l'homme et de la façon d'atteindre le bonheur.

Il n'entre pas dans mon propos de procéder à une comparaison systématique de l'approche spirituelle et de l'approche psychologique. J'ai pensé qu'il serait quand même à la fois intéressant et utile de dégager certains traits qui m'apparaissent fort importants dans l'enseignement des auteurs spirituels. À côté de certaines approches théologiques et morales qui ont beaucoup vieilli, cet enseignement me semble véhiculer des intuitions de fond. Ces intuitions mériteraient de survivre aux synthèses dans lesquelles elles se trouvaient intégrées et qui s'acheminent lentement vers l'oubli.

Je pense en particulier aux enseignements sur les dons du Saint-Esprit. Pour beaucoup de croyants, la question des dons du Saint-Esprit — qui est tout à fait différente des fruits de l'Esprit tels que Paul peut les décrire dans ses lettres — se résume à l'énumération que le catéchisme de leur enfance en faisait, à savoir : la science, l'intelligence, la sagesse, le conseil, la piété, la force et la crainte de Dieu. Pourtant, avec les dons du Saint-Esprit, c'est toute la question du fonctionnement de la personne humaine qui se trouve en cause. Avant de camper dans ses grandes lignes cette doctrine plus que millénaire, faisons d'abord un bref inventaire des sources de l'agir humain.

I   Les sources de l'agir humain

On peut distinguer trois grandes instances dans l'organisme humain, qui représentent en même temps trois sources possibles de l'agir. Il s'agit de la raison, des émotions et de l'instinct. Ces trois sources de l'agir humain entraînent quatre possibilités principales :

a)   c'est la raison seule qui fait agir ; c'est l'approche logique, rationnelle, qui donne lieu à une morale stoïcienne ;

b)   ce sont les sens seulement qui font agir ; c'est l'approche épicurienne de ceux qui sont principalement mus par la recherche de leurs plaisirs ;

c)   c'est un mélange de raison et d'émotions qui fait agir ; cette approche se retrouve dans des formulations comme les passions contrôlées par la raison, ou la raison dynamisée par les passions ;

d)   c'est l'instinct de l'organisme qui, sans nier ni la raison ni les émotions, vient prendre la relève de leur pouvoir régulateur sur les comportements.

Je prends le mot *instinct* dans son sens courant, lequel se trouve bien rendu dans la phrase suivante de Martin Blais : « Agir par instinct, c'est poser des actes qu'on n'a pas appris à poser ; c'est les poser sans connaître le but auquel ils tendent. »

Il peut arriver que je ne connaisse ni l'origine ni le but d'un acte instinctif. Jésus dirait : « Tu ne sais ni d'où il vient, ni où il va.» (Jn 3, 8). C'est pourquoi, en règle générale, les moralistes ne s'intéressent pas à l'acte instinctif, car ils réservent l'instinct aux animaux. Pour la plupart d'entre eux, «La morale apparaît avec l'homme, qui échappe aux lois inflexibles de la nature et de l'instinct.[22]»

Certains pourraient se surprendre que les valeurs ne trouvent pas de place dans l'énumération qui précède. Il y a moyen en effet de bâtir une morale des valeurs, c'est-à-dire de faire de la recherche ou du service des valeurs le critère de base de l'agir humain. Si l'on y regarde de plus près, les valeurs possèdent à la fois une dimension rationnelle et une dimension émotive. Lorsque l'on parle de justice, de liberté ou de fidélité, on a très facilement accès au caractère cohérent, rationnel, des réalités en cause. On peut définir la justice et expliquer pourquoi elle est une réalité désirable, par exemple. En même temps, les valeurs peuvent facilement se trouver investies d'une forte charge émotive. C'est ainsi qu'on parlera de la passion de quelqu'un pour la justice, de sa grande soif de liberté, ou du caractère obstiné, indéracinable ou au contraire hésitant et fragile de sa fidélité. C'est pourquoi j'ai jugé que les valeurs pouvaient facilement trouver place dans la troisième des quatre possibilités énumérées plus haut.

Dernière précision: nous sommes ici au plan des sources *internes* de l'agir humain. Nous laissons donc de côté tous les types de pressions extérieures qui sont susceptibles de s'exercer sur la personne humaine dans le but de modifier ses comportements (publicité et autres formes de persuasion, menaces physiques, pression sociale en vue de la conformité, chantage, séduction, manipulations diverses...). Si la personne se laisse persuader par l'aspect rationnel de ces pressions, nous nous retrouvons alors dans la possibilité *a*. Si la personne réagit plutôt à ces pressions au niveau de son émotivité (peur, attrait pour le plaisir...), nous nous retrouvons alors dans la possibilité *b*. Et bien sûr, la possibilité *c* demeure toujours ouverte pour un mélange des deux réactions précédentes.

22. M. Blais, *Réinventer la morale*, Montréal, Fides, 1977, p. 22.

Une fois ces préalables posés, dirigeons maintenant notre attention sur l'instinct, qui est l'instance dont nous avons le moins parlé dans les paragraphes qui précèdent.

II   La conception traditionnelle de l'instinct spirituel

Le simple fait de parler d'«instinct spirituel» soulève un premier problème théologique. Dans le langage courant, lorsque l'on parle d'un instinct quelconque chez un être donné, on suppose que cet instinct fait partie intégrante de l'organisme en cause. Or, pour les auteurs spirituels, il est clair que les «instincts» dont il est question ici n'appartiennent pas en propre à la personne humaine, mais qu'ils lui sont donnés par Dieu, d'où l'expression même de «dons» du Saint-Esprit. C'est ainsi que l'on définira ces dons comme des «touches premières, *instinctives,* par lesquelles Dieu met en branle l'organisme psychologique humain[23]».

Bien que le terme même d'«instinct» soit assez peu attesté dans la littérature spirituelle, je l'utiliserai toutefois de préférence au terme de «dons», et cela pour plusieurs raisons. D'abord, il est plus évocateur et plus familier; ensuite, il est plus fonctionnel, c'est-à-dire qu'il renvoie à un processus précis dans le fonctionnement de la personne. Enfin, il peut, plus facilement que le terme de «don», se laisser dégager du contexte théologique dans lequel il est habituellement utilisé, contexte qui véhicule une sensibilité qui nous est devenue moins familière.

Dans la suite de notre exploration, nous laisserons ouverte la question de l'origine de cet instinct, pour nous attarder plutôt à ses caractéristiques fonctionnelles. On peut très bien, en effet, étudier un arbre avec une approche strictement scientifique, et croire en même temps que cet arbre fait partie de l'ensemble de la création et qu'ultimement, il a été créé par Dieu. De même, on peut explorer le fonctionnement de l'«instinct spirituel» dans la personne humaine à partir d'une approche exclusive-

---

23. A. Gardeil, article *Dons du Saint-Esprit, Dictionnaire de théologie catholique*, colonne 1775.

ment psychologique, et attribuer en même temps la source ultime de ce dynamisme à Dieu lui-même, «qui donne à tous la vie, et le souffle, et tout le reste» (Ac 17, 25).

Cette réflexion nous permet d'ailleurs d'identifier une première caractéristique de cet instinct, à savoir le fait que nous n'avons pas sur lui de prise directe. En disant que cet instinct nous est donné par Dieu ou par l'Esprit Saint selon son bon vouloir, les auteurs spirituels affirment en effet par là que cet instinct ne saurait être directement accessible à l'homme. La personne humaine n'a pas de contrôle direct sur cet instinct; il ne lui suffit pas de vouloir agir instinctivement pour pouvoir le faire.

Voyons maintenant comment les auteurs décrivent cet instinct. Tanquerey écrit: «Dieu nous envoie des instincts divins, des illuminations et des inspirations qui opèrent en nous sans délibération de notre part, non toutefois sans notre consentement. Dans les vertus, nous avons à réfléchir, à délibérer, à consulter, à choisir, etc.; sous l'influence des dons, nous nous laissons conduire par une inspiration divine qui, soudainement, sans réflexion personnelle, nous presse vivement de faire telle ou telle chose. [24] »

Ces lignes mettent en lumière une deuxième caractéristique de cet instinct: il ne se limite pas à guider le croyant dans sa réflexion sur Dieu ou dans sa foi, mais il intervient aussi dans des processus ordinaires de prise de décision, dans le choix de comportements précis à l'intérieur de situations quotidiennes. Cet instinct intervient donc autant au plan cognitif (prenant la forme d'«illuminations») qu'au plan du comportement, où il intervient comme un régulateur de nos faits et gestes («nous pressant vivement de faire telle ou telle chose»).

Une troisième caractéristique de cet instinct consiste dans le fait qu'il n'intervient pas comme un déterminisme implacable et aveugle face auquel la personne serait impuissante. On connaît l'exemple des saumons qui s'épuisent à tenter de franchir un barrage de béton qu'on a construit sur la rivière où ils allaient frayer. Un

---

24. A. Tanquerey, *Précis de théologie ascétique et mystique*, Paris, Desclée, 1951, 9e édition, (© 1923), p. 815.

instinct aveugle les force à faire ce qui de toute évidence leur apparaît impossible. Les auteurs classiques nous disent qu'il n'en va pas de même avec l'instinct spirituel, qui n'agit pas «sans notre consentement». Cet instinct laisse donc intacte la liberté humaine, si l'on définit celle-ci comme le contrôle conscient exercé par l'homme sur ses comportements.

Enfin, une autre caractéristique importante réside dans le caractère progressif de l'actualisation de cet instinct. Même s'il est «donné», s'il échappe aux prises directes de la personne, cet instinct ne survient pas d'une façon imprévue et arbitraire, mais il demande au contraire à être accueilli et développé. D'ailleurs, dans le «modèle» du développement humain utilisé par les auteurs spirituels, la question des dons du Saint-Esprit est habituellement abordée dans la troisième étape de la croissance. Il y a d'abord l'étape «purgative», ou renoncement au péché; puis l'étape «illuminative», ou pratique des vertus; enfin, l'étape «unitive», où la personne a suffisamment développé sa réceptivité pour fonctionner à partir des instincts spirituels. Pour les auteurs spirituels, il faut donc avoir sérieusement pris en main sa croissance personnelle pour accéder progressivement à ce type de fonctionnement. Nous reviendrons plus loin sur cette importante question du développement de l'«instinct spirituel».

III Deux modèles du fonctionnement de la personne

Nous nous retrouvons donc avec deux façons sensiblement différentes de nous représenter le fonctionnement humain. Pour camper brièvement ces deux types de fonctionnement, nous pourrions parler de *contrôle* dans un cas, et de *détente-docilité* dans l'autre. Le modèle du contrôle correspond à l'approche rationnelle du fonctionnement humain. L'image qui illustrerait bien ce modèle est celle du *self-made man,* de la personne volontaire et énergique qui sait se fixer des buts à la fois réalistes et ambitieux, et qui sait prendre les moyens pour arriver sûrement à ses fins. Cette personne garde toujours la tête froide, sait contrôler ses émotions qui risqueraient de la rendre inutilement sensible à des éléments qui la ralentiraient dans son cheminement programmé (comme la gratuité, l'intériorité, l'attention au vécu d'autrui, l'affection...). Si elle utilise ses passions, c'est toujours en les sélectionnant soigneusement pour ne retenir que celles qui lui sont utiles (comme l'ambition, l'agressivité, le goût du risque...).

Cette image du *self-made man* ne se retrouve pas comme telle dans les écrits des auteurs spirituels, mais elle présente cependant plusieurs traits communs avec le genre de personne qui est privilégié dans ces écrits. En effet, les *buts* que le croyant doit s'assigner sont à la fois *réalistes et ambitieux* : il s'agit de devenir un saint, ou à tout le moins d'en arriver à ressembler suffisamment à un saint pour faire son salut; il s'agit ensuite, pour en arriver là, de mettre en œuvre les moyens objectifs que la morale présente. On retrouve ensuite la même *méfiance face aux émotions* que dans le cas du *self-made man* ; les émotions sont en effet dangereuses en ce qu'elles peuvent faire dévier le croyant de son chemin; trop de plaisir, d'affection, de contact avec ses besoins, risquent de ralentir sa marche sur le « chemin de la perfection ». Enfin, le troisième point commun réside dans le fait qu'à tout moment, c'est la raison et la volonté qui décident des comportements à poser. La personne garde constamment le *contrôle direct et constant* sur ses réactions, ses émotions, ses faits et gestes, en fonction des objectifs qu'elle veut atteindre. « La raison ne cesse pas de demeurer à la tête de notre agir, de gouverner, de surveiller, de diriger, de stimuler de haut (...) notre vie morale de chaque instant.[25] »

À côté de ce modèle du contrôle, nous avons le modèle de la détente-docilité. La principale différence entre ces deux modèles est que le centre de contrôle change de mains. Ce ne sont plus les centres conscients (intelligence et volonté) qui prennent les décisions ici. Ces décisions se prennent davantage en profondeur, pourrait-on dire, non plus au terme d'un *processus de délibération* (quels sont les moyens les plus adéquats en fonction de mes objectifs?), mais selon une *inspiration*

---

25. Gardeil, *Dons...*, col. 1735.

instinctive jaillie du fond de mon organisme. Je n'ai plus à m'interroger, car je sais ou je sens ce que je suis appelé à vivre et à faire dans la situation actuelle. Ou si je dois m'interroger, je ne le fais plus selon une démarche rationnelle comme dans le cas précédent, mais tout simplement en me posant la question suivante: qu'est-ce que mon cœur (ou l'«Esprit Saint», ou mon organisme) m'invite à vivre ici et maintenant?

Les auteurs dont il est question ici étaient bien conscients de la différence très nette entre ces deux types de fonctionnement, et ils l'exprimaient à leur façon. Dans les vertus, «c'est nous qui agissons sous l'impulsion de la grâce, (...) nous avons à réfléchir, à délibérer, à consulter, à choisir, *etc.*» En d'autres termes, dans le modèle du contrôle, c'est *nous* qui faisons nos analyses et prenons nos décisions. Par contre, dans le modèle de la détente-docilité, notre âme est «plus passive qu'active», «nous nous laissons conduire par une inspiration divine qui, soudainement, sans réflexion personnelle, nous presse vivement de faire telle ou telle chose[26]».

Ces deux modèles diffèrent donc entre eux par la *localisation du centre de décision* en ce qui a trait au choix des comportements (à savoir dans les centres conscients de l'intelligence et de la volonté ou dans les centres profonds des inspirations spontanées). Mais ils diffèrent entre eux d'une autre façon aussi, et qui est très importante. Il s'agit de la *quantité d'énergie* qui est requise selon qu'on se situe dans l'un ou l'autre de ces deux types de fonctionnement. Les auteurs spirituels étaient bien conscients que le modèle du contrôle n'était ni le plus naturel, ni le plus économique en termes d'énergie, ni le plus agréable non plus. Ils exprimaient fréquemment ces convictions par la fameuse image de la navigation. «Pratiquer les vertus, c'est naviguer à la rame, user des dons, c'est naviguer à la voile: on avance ainsi plus rapidement et avec moins d'effort.[27]»

Ce concept d'énergie est très important, et il met sur la piste d'un paradoxe apparent qui révèle une intui-

26. Tanquerey, *Précis...*, pp. 815-16.
27. Gay, *De la vie et des vertus chrétiennes,* t. I, p. 45, cité par Tanquerey, *Précis...*, pp. 816-17.

tion de fond sur le fonctionnement humain : c'est au moment où la personne se détend le plus que son énergie devient le plus disponible. Le paradoxe pourrait se formuler ainsi : plus on est abandonné à la sagesse de son organisme ou aux « inspirations de l'Esprit » (selon qu'on se place à un niveau psychologique ou à un niveau théologique), plus on est actif, et inversement, plus on se force, moins on est efficace. C'est ainsi qu'un autre auteur spirituel écrit que les dons sont tout à la fois « des souplesses et des énergies, des docilités et des forces (...) rendant l'âme *plus passive* sous la main de Dieu *et en même temps* plus active à le servir et à faire ses œuvres [28] ».

Le modèle du contrôle et le modèle de la détente-docilité n'opposent donc pas d'une part des gens sérieux et efficaces, et de l'autre des gens insouciants et bohèmes. Ce qui est en cause, c'est la *façon dont on utilise son énergie.* Il y a d'une part des gens qui se fatiguent vite parce qu'ils tiennent à toujours contrôler leur énergie au lieu de la laisser jaillir librement à son rythme. Il y a d'autre part des gens qui sont à l'écoute des requêtes de fond de leur organisme (ou de l'Esprit à l'œuvre dans cet organisme), et qui ont développé la souplesse nécessaire pour vivre concrètement d'une façon accordée à ces requêtes de fond. Chez ces derniers, « leur activité consiste surtout à consentir librement à l'opération de Dieu, à se laisser conduire par l'Esprit Saint [29] ». Les ressources cognitives et affectives de notre organisme se trouvent alors mises au service d'un instinct mystérieux qui prend la relève de nos contrôles rationnels.

Enfin, une dernière différence entre ces deux modèles réside dans le fait que les performances réalisées par le fonctionnement instinctif sont supérieures aux performances réalisées par le fonctionnement rationnel. Plus la tâche est délicate, plus le type de fonctionnement instinctif semble indiqué. « Le Saint-Esprit se substitue définitivement à la raison (...) surtout en présence des œuvres difficiles ou délicates. [30] » On pourrait trouver

28. Gardeil, *Dons...*, col. 1742.
29. Tanquerey, *Précis...*, p. 815.
30. Tanquerey, *Précis...*, p. 818.

une confirmation de cette supériorité du second modèle sur le premier dans la parole de Jésus à ses disciples : quand vous vivez des situations difficiles, n'essayez pas de vous en tirer par la raison, mais faites plutôt confiance à l'Esprit («Lorsqu'on vous conduira devant les synagogues, les magistrats et les autorités, ne cherchez pas avec inquiétude comment vous défendre ou que dire, car le Saint-Esprit vous enseignera à cette heure même ce qu'il faut dire». Lc 12, 11-12).

Il faut maintenant replacer dans une perspective de croissance ce qu'on a abordé jusqu'ici dans une perspective d'opposition. Face aux deux modèles, en effet, on ne saurait dire que l'on est l'un *ou* l'autre, comme on est droitier ou gaucher, homme ou femme. Les auteurs spirituels entrevoient le développement de la personne comme le passage graduel du modèle du contrôle au modèle de la détente-docilité, ou de l'étape des vertus (voie illuminative) à l'étape des dons (voie unitive). Dans cette perspective, c'est tout croyant qui se trouve appelé à développer son instinct spirituel, et non pas seulement les personnes dotées d'un certain tempérament ou d'un certain type d'affectivité.

Une conception rafraîchie de l'éthique

Nous avons distingué plus haut trois sources possibles pour l'agir humain, à savoir : la raison, les passions et l'instinct. Nous avons ensuite exploré de plus près deux types de fonctionnement humain privilégiant soit la raison (le modèle du contrôle), soit l'instinct (le modèle de la détente-docilité). Nous reviendrons plus tard sur la question des passions. Terminons pour l'instant la présente réflexion en dégageant brièvement les types d'éthique qui sont associés à chacune de ces approches du fonctionnement humain.

Une approche de la personne humaine privilégiant la raison (ou la volonté éclairée par la raison) comme critère de l'agir humain oriente vers une éthique du *devoir.* Ce devoir est directement accessible à la raison lorsque celle-ci réfléchit sur la nature humaine telle qu'interprétée à la lumière de la foi.

Une approche de la personne humaine privilégiant les passions (ou les émotions plaisantes) comme critère de l'agir humain oriente vers une éthique du *plaisir.* Ce critère recherche le plus grand plaisir au moindre coût, et il valorise le confort psychologique comme constituant déjà une situation plaisante à maintenir à tout prix. De la sorte, ne seront recherchés que les plaisirs ne venant pas compromettre ce confort psychologique, à l'exclusion des plaisirs impliquant des risques, des peurs, des dépenses d'énergie, des dépassements...

Enfin, une approche de la personne humaine privilégiant l'instinct (ou les requêtes de fond de l'organisme ou de l'Esprit) comme critère de l'agir humain oriente vers une éthique de la croissance de la *réceptivité à l'inédit.* Ce qui est bon pour moi et pour autrui, c'est ce que je serai appelé à vivre en me mettant à l'écoute de moi-même, en faisant confiance aux appels de mon cœur (ou de l'Esprit) en moi. Une telle éthique est une éthique de l'inédit, car je ne puis savoir à l'avance les chemins sur lesquels je serai amené à m'engager, les décisions que je serai invité à prendre, les réactions qui monteront en moi, les appels qui me seront lancés par la vie.

Une telle éthique englobe l'éthique du devoir, mais à un niveau supérieur. Je ne fais pas ce que je suis obligé de faire pour être en règle, mais je fais ce qu'il me faut faire pour continuer d'accueillir la vie en moi. Les Anglais distinguent très bien ici entre le *must* de l'éthique du devoir, et le *ought* de l'éthique de la réceptivité à l'inédit, le premier terme ayant une connotation de pression, et le second, une connotation d'appel.

Une telle éthique englobe aussi l'éthique du plaisir mais, là aussi, à un niveau supérieur. Ce plaisir n'est plus défini uniquement en termes de stimulation des sens, ni en termes de conservation du confort, mais plutôt au sens de Lowen, le plaisir étant la sensation de la vie à l'œuvre en moi, la conscience que l'énergie circule en moi pour me faire grandir et réaliser tout mon potentiel. [31]

---

31. A. Lowen, *Pleasure, A Creative Approach to Life*, Penguin Books, (© 1970) ; en particulier les pages 28-32.

Enfin, une telle éthique permet de dépasser une alternative fâcheuse entre mon épanouissement personnel et le service d'autrui. Parce que Jésus invite à réussir sa vie (à ne pas la ruiner : «Que sert à l'homme de gagner le monde entier, s'il se ruine lui-même?» — Lc 9, 25), certains auteurs assignent comme objectif ultime à l'éthique la réalisation totale de l'individu. Inversement, parce que Jésus invite à se centrer sur le besoin d'autrui (comme dans la parabole du Samaritain — Lc 10, 29-37), d'autres auteurs estiment que la visée ultime de l'éthique doit consister dans le service d'autrui, dans la promotion du bien-être du prochain.

Une éthique de la réceptivité à l'instinct surmonte cette alternative problématique, car la personne sera tantôt invitée par son cœur à dire non aux autres pour se centrer sur ses propres besoins, et inversement, elle sera invitée à d'autres moments à s'oublier elle-même pour se centrer sur les besoins d'autrui. De la sorte, la personne n'est pas enfermée dans un système unique, mais il lui est demandé d'être mobile à l'inédit du quotidien, selon les appels de son cœur (ou de l'Esprit). On retrouve un écho de cette ouverture existentielle dans la parole de Jésus : «Ma nourriture est de faire la volonté de celui qui m'a envoyé.» (Jn 4, 34), surtout si l'on rapproche cette parole du passage où Jésus demande la nourriture quotidienne (Mt 6, 11) : c'est quotidiennement que l'on doit discerner ce à quoi on est appelé.

Une éthique facile à caricaturer

L'éthique de la docilité à l'instinct est sujette à plusieurs caricatures, car elle entraîne de nombreuses objections. En voici quelques-unes.

1. *Une éthique du «n'importe quoi»*. Si je ne suis plus soumis aux normes objectives, je puis faire n'importe quoi, du moment que j'en ai le goût : dévaliser une banque, faire l'amour avec n'importe qui... La réalité est tout autre. Il ne s'agit pas d'agir impulsivement, de s'abandonner au premier caprice qui monte. Il s'agit d'écouter attentivement et de se demander : quel est mon

désir le plus profond? Qu'est-ce qui me convient le mieux, présentement? À quoi est-ce que je me sens appelé, maintenant?

2. *Une éthique «du nombril».* Si je n'ai qu'à m'écouter, je n'ai plus à tenir compte des autres, c'est toujours moi d'abord... Ici encore, la réalité est bien différente. Si j'écoute vraiment, mon cœur me parlera souvent de mon conjoint qui attend quelque chose de moi, de mon voisin qui est dans le besoin, de mon frère qui est opprimé. Le chapitre dix-sept regardera cette réalité de plus près.

3. *Une éthique de la naïveté.* Le croyant serait naïf de penser qu'il suffit de s'écouter pour connaître ce qu'il appelle la volonté de Dieu, que ce qui monte est automatiquement fécond. L'inertie, la peur, le désir de bien paraître s'entremêlent sans cesse aux motivations les plus pures. Je réponds qu'il est tout à fait exact de dire que les discernements ne sont pas toujours faciles à opérer, qu'ils requièrent souvent du courage et de la patience. Les chapitres huit, neuf et treize exploreront cette question. Mais il serait plus illusoire encore de croire qu'il suffit d'obéir à la loi ou à l'autorité pour accomplir cette «volonté de Dieu».

4. *Une éthique subjectiviste et anti-ecclésiale.* Cette éthique ignore le fait que «nul n'est une île», elle ignore la structure communautaire de l'expérience chrétienne. Je réponds non. Il est à ce point difficile de faire la lumière sur soi que l'on a souvent besoin de l'aide d'autrui pour se comprendre soi-même. Confrontation fraternelle, relation d'aide et interpellation communautaire sont des avenues privilégiées pour la vraie connaissance de soi, et donc pour la croissance personnelle. Mais cela ne change rien au fait que le critère ultime de l'agir moral demeure la docilité aux appels intérieurs de sa conscience et de son cœur.

5. *Une éthique qui confond les émotions et le Saint-Esprit.* J'emploie les termes «Esprit Saint» et «fond de l'être» pour identifier la source de l'agir éthique. Sur le plan du *fonctionnement,* je me sens incapable de distinguer entre ces réalités, si «l'Esprit en personne se joint à

notre esprit» (Rm 8, 16). Le croyant peut voir l'Esprit dans la révolte de Moïse contre l'oppression (Ex 2, 11-3, 15) lorsqu'il lui fit prendre la tête des dissidents hébreux, et dans la confusion de Jésus lorsqu'il «le poussa au désert» (Mc 1, 12) pour se clarifier. Dire que deux causes s'unissent pour produire un même effet ne signifie pas qu'on les confonde entre elles. Le concept de Dieu et celui d'émotions sont différents. Mais la Bible présente Dieu agissant par elles et invitant par elles à l'action.

Les chrétiens et les autres

Nous devons nous interroger en terminant sur la légitimité d'étendre à tout homme des réflexions qui, dans les écrits des auteurs spirituels, s'adressaient aux seuls croyants engagés dans leur croissance spirituelle. En d'autres mots, le croyant peut-il reconnaître que l'Esprit de Dieu agit dans l'organisme d'un non-croyant comme il le fait dans l'organisme d'un croyant? Dans la négative, les «dons du Saint-Esprit» seraient réservés aux croyants; au fond de l'organisme du croyant, on pourrait rencontrer cet Esprit, mais au fond de l'organisme du non-croyant, il n'y aurait que du vide, ou du moins, un «simple fonctionnement psychologique».

Le Concile Vatican II semble avoir pris position sur cette question en affirmant clairement la présence de l'Esprit Saint à l'œuvre dans tout homme de bonne volonté. «Le chrétien reçoit «les prémices de l'Esprit» (...). Par cet Esprit, c'est tout l'homme qui est intérieurement renouvelé. (...) Et cela ne vaut pas seulement pour ceux qui croient au Christ, mais bien pour tous les hommes de bonne volonté, dans le cœur desquels, invisiblement, agit la grâce. [32]»

Selon cette position, l'«Esprit Saint» est donné à toute personne de bonne foi, donc à tous ceux qui cheminent fidèlement et courageusement dans leur crois-

32. XXX, L'église dans le monde de ce temps, n° 22, parag. 4 et 5, dans *Vatican II — les seize documents conciliaires*, Montréal, Fides, 1967, pp. 193-94.

sance d'hommes et de femmes. Le mode d'action de cet
«Esprit» en eux est même précisé dans ses grandes
lignes : l'Esprit agit dans leur cœur, invisiblement et mystérieusement. Ces textes invitent donc les croyants à
tenir que l'Esprit de Dieu est effectivement à l'œuvre
au fond de l'organisme de toute personne de bonne foi,
et ceci, pour la guider efficacement dans l'aventure de
sa croissance, dans une dynamique de détente-docilité.

6

LE POURQUOI ET LE COMMENT DU CONTRÔLE DES ÉMOTIONS

Dans le chapitre précédent, j'ai distingué et décrit deux modes de fonctionnement humain, à savoir le fonctionnement à partir de la raison, et le fonctionnement à partir de l'instinct. Dans cette démarche, nous avons très peu parlé des émotions. Il nous faudra examiner de plus près la place que les auteurs chrétiens leur réservent dans leur approche du fonctionnement humain.

Ces auteurs définissent habituellement les passions comme «un mouvement impétueux de l'appétit sensible[33]». En examinant la liste des passions que ces auteurs établissent parfois, on pourrait traduire le terme de passions par l'expression «émotions intenses».

Mais avant d'aborder la pensée de ces auteurs, il serait bon de réfléchir au préalable sur la psychologie des émotions, et d'une façon plus précise encore, sur le contrôle des émotions. Ce sera l'objet de ce chapitre.

Les émotions, qu'elles soient intenses ou non, mais surtout si elles ne le sont pas, sont susceptibles de recevoir un traitement très varié de la part de la personne qui les éprouve. Prenons l'exemple de l'agressivité. Je peux réagir de façon très différente à l'agressivité que je commence à ressentir en moi. Je puis accepter de ressentir cette émotion et la nommer mentalement, me disant à moi-même: «Je me sens agressif».

Je puis exprimer verbalement cette émotion sans l'exprimer autrement, ni par un langage non verbal, ni par des gestes précis, disant par exemple: «Je me sens agressif face à Untel, présentement».

---

33. Tanquerey, *Précis...*, p. 505.

Je puis aussi exprimer cette agressivité non seulement avec des mots, mais aussi avec l'ensemble de mon corps et avec des gestes précis, par exemple en élevant le ton, en serrant les mâchoires, en frappant la table du poing, ou en m'avançant vers la personne qui suscite mon agressivité.

Mais je puis aussi nier mon émotion, refuser d'admettre que je sois agressif, et dire par exemple : «Je me sens correct face à Untel, présentement».

Je puis admettre mon émotion, mais refuser de la relier à ses vraies causes, ce qui est un compromis entre admettre clairement mon émotion et la nier. Je dirai par exemple : «Je suis complètement en désaccord avec ta position», alors que je devrais dire : «Ça me frustre que tu aies encore invité à souper la personne que je voulais moi-même inviter ce soir».

Je puis vouloir nier mon émotion, et pour être bien sûr de me convaincre moi-même, la transformer en l'émotion inverse. Par exemple, je suis agressif face à mon enfant mais, parce que j'ai peur de passer à mes propres yeux pour un mauvais parent, je me force à adopter un comportement affectueux envers lui.

Je puis aussi mal identifier mon émotion, parce que cela me menacerait trop d'en prendre clairement conscience. Par exemple, je me dis que je suis triste et je pleure, alors qu'en réalité je me sens agressif et j'aurais le désir d'exprimer fortement mon désaccord face à quelqu'un.

Répression dans l'agir et la conscience de toutes les émotions	Expression dans l'agir de certaines émotions non conscientes	Conscience de certaines émotions exprimées dans l'agir	Ouverture dans l'agir et la conscience à toutes les émotions
1	2	3	4

Figure 1 *Le continuum de la réaction aux émotions*

On pourrait ajouter d'autres possibilités ou des variantes de celles qui précèdent. Mais on peut déjà tirer la conclusion qui semble importante à ce point-ci. Il y a bien sûr des cas limites où les émotions atteignent une intensité telle que la personne «ne se contrôle plus» (peur, souffrance, joie...). Mais en deçà de ces cas limites, la personne humaine possède une très grande marge de manœuvre face à ses émotions, allant de la répression totale à l'expression spontanée. Le schéma suivant illustre le continuum de la réaction aux émotions.

À la position **1**, le sujet n'*exprime* aucune émotion et il n'en *ressent* aucune non plus. Il peut s'exprimer abondamment au niveau rationnel, mais il ne manifeste aucun signe de tristesse, de joie, de surprise, de crainte, de colère..., et il n'éprouve aucune conscience intérieure de telles émotions. Ce fonctionnement de type schizoïde confine à la pathologie.

À la position **2**, le sujet manifeste certains signes verbaux, mais surtout non verbaux, de quelques émotions, mais ces émotions demeurent très loin de sa conscience. Il peut par exemple paraître tendu et mal à l'aise, mais affirmer que tout va bien. Il peut fermer les poings en parlant de son père et dire en même temps qu'il s'entend très bien avec lui. Il y a expression partielle de certaines émotions, mais le sujet n'est pas vraiment en contact avec elles.

À la position **3**, le sujet paraît conscient des émotions qu'il exprime plus ouvertement, autant verbalement que non verbalement. Cette spontanéité relative se limite cependant à certaines émotions, à l'exclusion d'autres. Par exemple, le sujet semble en bon contact avec sa douceur et son affection, mais en même temps très loin de son agressivité. Ou encore, il admet sa tristesse, mais il nie son désir sexuel.

À la position **4**, le sujet est capable d'exprimer spontanément toutes les émotions qu'il éprouve, et d'en prendre conscience au moment même où il les ressent. J'emploie le terme «capable», car le sujet exerce un certain contrôle sur l'expression des émotions qu'il éprouve, en fonction des circonstances et des dispositions des personnes avec lesquelles il se trouve. Il n'exprime pas toutes ses émotions, mais il entre spontanément en contact intérieur avec chacune d'entre elles, quelle qu'elle soit.

Ces précisions soulèvent la question de la *régulation* des émotions. Il faut dire en effet que non seulement la personne peut régler l'expression de ses émotions, mais aussi qu'elle le doit. Par exemple, il n'est pas nécessairement souhaitable que j'exprime toutes les émotions qui peuvent me venir au contact d'une personne fortement handicapée (surprise, répulsion, révolte, compassion...).

Cette réflexion fait surgir la question des critères à adopter, d'abord face au fait d'exprimer mon émotion ou de la garder à l'intérieur de moi, et ensuite face aux modalités d'expression de cette émotion, le cas échéant. Voici quelques-uns des critères les plus fréquemment utilisés à cet égard.

L'intégrité de l'image de soi

Le premier critère réside dans l'intégrité de l'image que la personne a d'elle-même. À partir de ce critère — qui est le plus souvent utilisé spontanément et inconsciemment — le sujet bloque les émotions qui seraient en désaccord avec l'image qu'il se fait de lui-même, de même que les réactions qui seraient normalement associées à ces émotions. Par exemple : « un homme ne pleure pas », « un bon chrétien n'est pas agressif », « un être évolué n'a pas de préjugés », « une religieuse n'a pas de désirs sexuels », « un grand garçon n'a plus peur », etc.

Dans bien des cas, le simple fait de s'identifier à l'un ou l'autre de ces principes suffit pour que le sujet désamorce inconsciemment l'émotion correspondante et qu'il s'empêche de prendre conscience de cette émotion qui veut émerger.

Le confort psychologique

C'est la préservation du confort psychologique qui était visée dans tous les cas relevant du critère précédent. En effet, il s'avère toujours plus ou moins inconfortable d'avoir à modifier l'image qu'on se fait de soi-même, surtout lorsque cette modification a pour but d'introduire dans cette image des traits que l'on perçoit comme négatifs ; comme pleurer, être agressif, avoir des préjugés ou des désirs sexuels, etc.

Je reprends quand même ce critère ici, car il englobe des cas qui débordent la modification de l'image de soi. Le sujet peut se dire par exemple : « Si j'exprime mon agressivité, je risque des représailles. » « Si j'exprime mon affection, je deviens vulnérable. » « Si je laisse monter ma peur, je risque de paniquer. »

En plus des conséquences qui peuvent être appréhendées, c'est le processus même de se laisser vivre l'émotion qui se révèle souvent troublant, et donc menaçant pour le confort du sujet. Lorsque ces émotions ont longtemps été réprimées, se laisser aller à vivre sa peine, sa colère ou son désir représente pour le sujet une véritable sortie en dehors de ses frontières familières, le risque existentiel de l'inconnu. C'est pourquoi cette démarche peut facilement s'accompagner d'une charge d'anxiété variable.

Les sujets ne disposant pas de la sécurité affective suffisante sont donc portés à faire un usage régulier de ce critère du confort psychologique.

La conformité aux normes

On définit habituellement la morale comme l'ensemble des critères devant guider le choix des comportements. Or, plus ces critères sont objectifs et élaborés, plus ils font appel au contrôle de la volonté et de la raison. Par exemple, si j'ai une morale de la spontanéité, je pourrai régler très rapidement la question de la moralité de mon agir sexuel en disant : « Fais ce que tu as spontanément le goût de faire, et ce sera bon. » Dans ce type de morale, je n'aurai pas le besoin de formuler des critères plus précis.

Inversement, je puis définir l'être humain comme un être raisonnable et attribuer alors à la morale la fonction d'assurer à tout acte un caractère raisonnable. J'aurai alors besoin, en matière sexuelle, de très nombreuses règles destinées à éviter à mes actions leur caractère « animal », et à assurer au contraire leur conformité au caractère « raisonnable » de la nature humaine.

De manière à pouvoir rendre efficaces ces très nombreuses règles, il me faudra alors insister sur le contrôle de ma spontanéité par ma raison et ma volonté. Ceci nous ramène donc à notre proposition initiale: plus une morale est objective et codifiée, plus elle implique de contrôle sur l'organisme humain. Contrôle et émotions se retrouvent alors en situation de compétition et d'exclusion mutuelle: plus je fais de place à mes émotions, plus j'exclus le contrôle des normes, et plus je fais de place à ma raison et aux normes, plus je réduis la spontanéité de mes émotions.

Pour certaines personnes, la conformité aux règles morales telles qu'elles sont formulées ou telles qu'elles sont comprises, peut donc devenir un critère de premier plan dans leur façon de réagir face à leurs émotions.

L'«exposition existentielle»

Nous allons retenir pour l'instant un quatrième et dernier critère de l'expression des émotions. Il s'agit de l'exposition existentielle. Pour comprendre ce critère, faisons d'abord appel à l'image de l'œil humain. L'œil humain possède un mécanisme régulateur lui permettant d'augmenter ou de réduire automatiquement son ouverture à la lumière extérieure. La rétine ne peut recevoir une trop grande lumière sans être aveuglée temporairement et même sans être endommagée en permanence. Il est donc vital, dans les situations où la stimulation lumineuse devient trop forte, de diminuer l'entrée de la lumière en rétrécissant spontanément l'ouverture de l'œil.

On peut attribuer aux émotions exactement la même fonction que la rétine de l'œil. Comme les réactions de la rétine, les réactions émotives ont pour rôle d'informer continuellement le sujet sur ce qui se passe autour de lui et en lui. Or, de même que l'intensité lumineuse peut devenir trop forte pour le sujet, l'«intensité existentielle» peut le devenir également elle aussi. Si j'en étais vraiment conscient, je pourrais me trouver fortement perturbé par les «stimulations» suivantes: l'ampleur de la violence infligée par les humains plus forts sur les humains plus faibles; la cruauté physique et morale des maladies et des accidents; la présence impitoyable et universelle de la mort; l'aspect angoissant de ma propre agressivité ou de mon propre désir sexuel, etc.

Il s'ensuit qu'en réduisant plus ou moins consciemment ma sensibilité émotive, je diminue d'autant l'ampleur de mes réactions émotives existentielles : angoisse, révolte, tentation de l'absurde, étonnement, admiration, exultation, trouble...

Les mécanismes de défense classiques tels que décrits par les psychologues ont directement pour effet de réduire l'«exposition existentielle» du sujet, autant aux stimulations de son environnement qu'à celles provenant de sa dynamique interne. Inversement, le mouvement de la «psychologie existentielle» ou humaniste, qui vise à favoriser la sensibilisation à ce qui se passe en soi et autour de soi, cherche au contraire à accroître cette «exposition existentielle».

Selon ce critère, je réagirai donc de façon très différente à mes émotions suivant que je me situe dans une dynamique de *réduction* de ma sensibilité à ma situation humaine, ou au contraire dans une dynamique d'*expansion* de cette sensibilité. Dans le premier cas, j'adopterai des comportements d'évitement face à mes émotions : je n'aborderai jamais tel ou tel sujet dans mes conversations, je ne me placerai jamais dans telle situation de nature à déclencher chez moi tel type de réaction, je me tiendrai éloigné de tel type de personne, etc. Dans le second cas, j'adopterai des comportements d'ouverture face à mes émotions, selon les situations que je serai amené à vivre et les effets que ces expériences pourront provoquer chez moi.

Nous voici donc avec quatre critères possibles pouvant guider la personne dans sa façon de réagir face à ses émotions : l'intégrité de l'image de soi, le confort psychologique, la conformité aux normes et la réduction ou l'accroissement de l'exposition existentielle. Nous allons maintenant classifier ces critères en termes de contrôle ou de détente face aux émotions, à partir des explications données plus haut. Le tableau suivant illustre cette classification.

Ce tableau mérite quelques observations. D'abord, trois des quatre critères retenus (soit les critères 1, 2 et 4) font intervenir des facteurs de personnalité, alors que le troisième critère est relié au degré d'élaboration de la morale en cause. Ensuite, les critères reliés à des facteurs de personnalité se ramènent tous à une question d'insécurité ou de sécurité. Le phénomène en cause peut se formuler comme suit : plus on est «insécure», plus on contrôle ses émotions, et plus on dispose de sécurité personnelle, plus on est détendu face à l'émergence de ses émotions.

CRITÈRE	CONTRÔLE	DÉTENTE
intégrité de l'image de soi	insécurité affective	sécurité affective
confort psychologique	faible tolérance à l'inconfort	meilleure tolérance à l'inconfort
conformité aux normes	morale fortement codifiée et sévèrement sanctionnée	morale peu codifiée et peu sanctionnée
exposition existentielle	réduction	accroissement

Tableau I   Les critères de la réaction face aux émotions

Ce phénomène entraîne une question troublante : le troisième critère n'obéirait-il pas à la même dynamique que les critères 1, 2 et 4? Cette hypothèse signifierait en clair que plus on est méfiant, plus on a une morale codifiée, et que plus on est confiant, moins la morale est codifiée.

Imaginons que les moralistes possèdent une certaine expérience de la nature humaine et qu'ils aient longuement réfléchi sur cette expérience. Imaginons de plus que ces moralistes se voient confier — ou qu'ils s'attribuent à eux-mêmes — la responsabilité d'éclairer leurs contemporains sur les défis impliqués dans l'agir hu-

main. Il s'ensuit que, toutes proportions gardées, ces moralistes se retrouvent face à leurs contemporains dans la
situation fondamentale des parents face à leurs adolescents.

C'est à dessein que je fais le rapprochement avec les
adolescents plutôt qu'avec les enfants, car ces derniers
ne sont pas équipés pour faire leurs choix dans toutes
les situations ; il s'ensuit que leurs parents se trouvent
moralement et légalement responsables d'eux, ce qui entraîne pour les parents le droit et le devoir d'intervenir
pour faire prévaloir leurs propres jugements et leurs
propres décisions, du moins dans certaines situations
critiques. C'est pourquoi le rapprochement avec la relation entre les parents et leurs adolescents est plus indiqué pour deux raisons. D'une part les parents ont habituellement réfléchi davantage que leurs adolescents sur
les principales questions de la vie, et d'autre part, les
parents se sentent normalement une certaine responsabilité d'éclairer les choix de leurs adolescents à partir de
leur propre expérience.

Voici maintenant un phénomène que l'on peut observer dans cette interaction parents-adolescents. Partons
d'un fait vécu. Je me trouve chez des amis un soir de
grande tempête de neige. Alors que la radio annonce la
fermeture de certaines routes, l'aîné de dix-huit ans exprime son intention d'utiliser l'automobile familiale pour
aller reconduire son amie dans une autre partie de la
ville, comme il le fait depuis un certain temps.

La perspective de cette sortie a pour effet de provoquer l'inquiétude de la mère, qui entreprend de formuler
un certain nombre de recommandations à l'intention de
son fils : « Ce serait plus prudent de rester. Si tu sens
que tu ne peux te rendre, reviens. », *etc.* Sur quoi le
père intervient pour dire : « Pourquoi ne lui laisserait-on
pas juger par lui-même ce qu'il doit faire ? »

Nous sommes en présence de deux comportements
différents des parents. Sous l'influence de son inquiétude, la mère est portée à sous-estimer les ressources de
son fils, et à multiplier en conséquence les mises en
garde et les directives. À l'opposé, le père se montre
porté à faire confiance au jugement du garçon et il se

borne à vérifier si ce dernier est suffisamment au courant des données de la situation.

Il serait fort téméraire d'établir sur ce simple exemple le principe général à l'effet que plus on est méfiant face à la sagesse ou à l'honnêteté d'un tiers, plus on se protège contre lui ou plus on essaie de le protéger contre lui-même au moyen de directives objectives. Mais je formule l'hypothèse que ce principe trouve dans la vie courante de nombreuses illustrations.

Prenons comme second exemple la dynamique sous-jacente aux négociations des conventions collectives, où il s'agit pour les deux parties de prévoir des règles objectives régissant tous les détails et toutes les situations susceptibles de se présenter. Plus on doute de la bonne foi de la partie «adverse» et de la capacité des deux parties de faire face adéquatement aux situations à mesure que celles-ci surviennent, plus il faut faire œuvre de scribe et de casuiste. (Je ne suis pas en train de prôner l'abolition des conventions collectives, mais tout simplement de réfléchir sur une réalité psychologique.)

De la même façon, si les rédacteurs du Code de droit canonique avaient eu davantage confiance dans la capacité des personnes concernées de vivre leur foi et leurs relations ecclésiales d'une façon honnête et adéquate, ils n'auraient probablement pas ressenti le besoin de formuler à leur intention plus de 2 000 directives dont un bon nombre sont sanctionnées par la menace du «péché mortel» et donc de l'«enfer».

Enfin, on pourrait relever, en guise de dernière observation sur le tableau en question, le fait que les critères de nature directement psychologique (soit les critères 1, 2 et 4) associent manque de santé psychologique et contrôle d'une part, santé psychologique et détente d'autre part. Les psychologues associent en effet la sécurité affective, la capacité de tolérer l'inconfort psychologique et l'ouverture à son expérience à la santé mentale, ou du moins, pour le dire en termes moins médicaux, à la personne en voie de croissance. Ces caractéristiques se trouvent regroupées dans la colonne «détente» du tableau. Inversement, les psychologues interprètent l'insécurité affective, la faible tolérance de l'inconfort psychologique et la réduction du contact avec son expérience comme des indices névrotiques ou du moins comme des signes d'un fonctionnement appauvri et peu satisfaisant pour le sujet. Ces caractéristiques se retrouvent dans la colonne «contrôle» du schéma.

Cette dernière observation a elle aussi pour effet d'interroger d'une façon gênante le type de morale «fortement codifiée et sanctionnée» qui se retrouve dans la colonne du «contrôle», et de présenter implicitement comme fortement souhaitable le type de morale «peu codifiée et peu sanctionnée» qui se retrouve dans la colonne de la «détente». Dans le chapitre suivant, nous examinerons donc de plus près la place faite aux émotions dans la morale catholique traditionnelle.

7

TROIS DÉSACCORDS AVEC DES AUTEURS CHRÉTIENS

> Notre être corporel est saturé de sainteté. C'est notre âme au contraire qui est folle, qui se prostitue et s'adultère en devenant adulte.
>
> Jean Lafrance

Il était une fois un Blanc et un Noir qui habitaient le même quartier. Le Blanc était un homme instruit, poli, raffiné et de bon jugement. Cet homme menait une vie très régulière et sans abus, respectait les lois et évitait tous les problèmes.

Le Noir était tout le contraire du Blanc. Il n'était pas très instruit. Il n'était pas toujours poli parce qu'il faisait parfois passer ses besoins avant ceux des autres, par exemple quand il était pressé, qu'il avait faim ou qu'il était fatigué. Il n'était pas très raffiné non plus, et laissait souvent paraître ses réactions spontanées : sa satisfaction ou sa frustration, sa surprise ou son indignation, sa tristesse ou sa peur...

C'est dire qu'aux yeux du Blanc, le Noir passait facilement pour manquer de jugement. Cet homme ne menait pas une vie très régulière et n'évitait pas toujours les abus. Quand il lui fallait nourrir ses enfants et qu'il trouvait du travail, il pouvait travailler très fort, en oubliant même de manger. Mais quand il n'y avait plus de travail, il pouvait être trois ou quatre jours à flâner, étendu sous les arbres à dormir ou à chanter.

Parce qu'il avait le cœur sur la main et l'indignation facile, au moins aux yeux du Blanc, le Noir avait parfois des ennuis avec les autorités et la police, qui étaient blanches dans ce quartier-là.

À la vérité, le Blanc n'aimait pas le Noir. Plus il y aurait des Noirs comme lui, plus il y aurait des ennuis dans le quartier. Un bon quartier, ça se bâtit par la constance de l'effort, le respect des lois et des conventions et la maîtrise des émotions. Dans la mentalité du Blanc, donc, seuls les Blancs pouvaient bâtir un bon quartier, et ils ne réussiraient cette entreprise qu'en limitant l'influence des Noirs, qu'en contrôlant leurs contributions épisodiques (leur détermination à l'ouvrage au besoin, leur musique à certaines fêtes, leur piété spontanée à l'église...).

Le Blanc et le Noir fréquentaient en effet la même église. Cela compliquait beaucoup les choses pour le Blanc, car il se retrouvait alors en contradiction avec lui-même. D'un côté, tous les hommes sont bons et égaux puisqu'ils sont tous «créés» par un même père. Mais d'un autre côté, les Noirs sont nuisibles ou à tout le moins dangereux, et si on ne les contrôle pas continuellement, ils entraîneront la ruine du quartier. Il faut bien sûr être frères et s'aimer, mais comment faire confiance à des êtres si différents, si imprévisibles, si facilement portés à des écarts de conduite?

Le Blanc avait donc beau se dire que Noirs et Blancs sont égaux, on n'avait qu'à l'écouter parler cinq minutes pour s'apercevoir qu'il se contredisait complètement et qu'il n'attribuerait des mérites aux Noirs que lorsque ceux-ci réussiraient à lui ressembler. Non, il n'était pas facile pour le Blanc de cohabiter avec le Noir.

Cette fable met en lumière plusieurs réalités. Il y a d'abord la différence très nette de fonctionnement entre le Blanc qui mise sur le contrôle par sa raison pour donner une cohérence à sa vie, et le Noir qui cherche la même cohérence en se laissant porter par ses émotions au fil de la vie.

Cette première observation est d'ordre psychologique. Sur le plan historique, je rapprocherais les auteurs chrétiens du Blanc de la fable. Non plus cette fois au niveau de leur fonctionnement personnel, mais à celui de leur difficulté à situer avec cohérence le rôle de la

raison par rapport à celui des passions. Ces auteurs affirment clairement que les émotions sont bonnes, mais
cette conviction est si faible et si vite démentie par la
suite de leur discours! Tout comme le Blanc disait : «Les
Noirs sont mes frères mais...», les auteurs chrétiens écrivent : «Les passions sont bonnes mais...». Voyons de
plus près.

«Dans la morale thomiste, la passion n'est pas un
pis-aller, une sorte de continuel obstacle et de trouble-
fête dont il faut se garder à tout prix. Ce n'est pas un
déchet mais une manifestation de dignité humaine...[34]»
Dans un article de vingt-huit colonnes de texte serré, c'est
le passage le plus positif que j'aie pu trouver sur les
émotions. Voici un second passage déjà moins positif :
«Pour saint Thomas, la passion n'est, par elle-même, ni
bonne ni mauvaise : c'est son usage vertueux qui la rend
bonne.[35]»

Partout ailleurs — je serais tenté de dire : lorsqu'il
revient à son naturel comme notre Blanc de la fable —
l'auteur nous dit le fond de sa pensée : les émotions
sont naturellement très dangereuses et presque mau-
vaises en soi. «La passion est impulsion, désordre, aveuglement, partialité.[26]»

Cette méfiance a pour effet de situer la raison et les
émotions dans une dynamique d'exclusion mutuelle.
Cette dynamique de compétition pourrait se formuler
comme suit : plus je suis raisonnable, plus je maîtrise
mes émotions, et plus je fais de place à mes émotions,
plus je deviens déraisonnable et incohérent. «Tout ce
que la volonté cède aux passions augmente leurs prétentions et diminue ses énergies. (...) Les appétits qu'on ne
maîtrise pas vont en se développant, et enlèvent de la
force à l'âme...[37]»

Dans cette dynamique de compétition, le plus fort
l'emporte. La question morale revêt le même caractère

---

34. H.-D. Noble, article *Passions*, *Dictionnaire de théologie catholique*, col. 2240.
35. Noble, *Passions...*, col. 2232.
36. Noble, *Passions...*, col. 2233, renvoyant à Thomas d'Aquin, *De
Veritate*, 9, XXIV, a. 7.
37. Tanquerey, *Précis...*, p. 509.

dramatique que la loi de la jungle : il s'agit de manger ou d'être mangé, de dominer ou d'être dominé. Ou bien la personne sera dominée par «l'esclavage de ses passions», ou bien ce sera elle qui réussira à «dominer la passion».

Le terme d'esclavage a deux implications. D'abord, une privation de liberté et, ensuite, l'exploitation des ressources de l'esclave. Et de fait, on retrouve ici aussi ce deuxième temps de l'esclavage. Tout comme le conquérant domestique les populations conquises en fonction de ses intérêts, une fois que la raison l'a emporté, elle doit placer dans un état de soumission chronique les émotions ainsi matées. Celles-ci peuvent alors lui servir de main-d'œuvre d'appoint, au gré de ses besoins. La raison pourra ainsi «refouler, gouverner ou utiliser la passion», à sa convenance [38].

Une fois conquises et soumises, les émotions se trouvent donc «annexées» à la raison, qui les relègue strictement à un rôle d'exécution. Poursuivons l'analogie avec le conquérant. La «main-d'œuvre locale» peut être récupérée pour le processus de production, mais elle sera maintenue aux échelons inférieurs et ne parviendra jamais aux paliers décisionnels. Pour les choses sérieuses, les conquérants se méfient du jugement des «autochtones». Il en va de même avec les émotions. «La passion doit être exclue du discernement moral (...) qui doit présider à l'action. (...) Elle ne pourrait qu'empêcher ou troubler la clarté du raisonnement et du discernement. [39]»

Les émotions n'ont donc strictement rien à dire, là où s'élaborent les politiques et où se prennent les décisions. Elles se trouvent clairement reléguées aux tâches d'exécution.

Je ferai maintenant quelques observations sur cette façon de situer les émotions par rapport à la raison. Plus précisément, je dégagerai trois présupposés sous-jacents à l'approche des auteurs présentée plus haut. Brièvement, ces présupposés sont les suivants : d'abord, *les*

---

38. Noble, *Passions...*, col. 2237.
39. Noble, *Passions...*, col. 2232.

émotions sont anarchiques, ensuite, *la raison est fiable,* et enfin, *les «dons du Saint-Esprit» sont inefficaces.* Voyons-les maintenant un par un.

Premier présupposé : *les émotions sont anarchiques.*

Ce premier présupposé n'est pas difficile à dégager : «La passion est impulsion, désordre, aveuglement, partialité.[40]» Dans les écrits en cause, tout se passe comme si les émotions ne pouvaient être que dangereuses et destructrices. «L'esprit et le cœur de l'homme ne peuvent demeurer inactifs : s'ils ne sont pas absorbés dans l'étude ou quelque autre travail, ils sont bientôt envahis par une foule d'images, de pensées, de désirs et d'affections ; or, dans l'état de nature déchue, ce qui domine en nous, quand nous ne réagissons pas contre elle, c'est la triple concupiscence ; ce sont donc des pensées sensuelles, ambitieuses, orgueilleuses, égoïstes, intéressées qui vont prendre le dessus en notre âme et l'exposer au péché.[41]»

Contrairement à la pensée biblique, les auteurs en cause ne présentent jamais les émotions dans leurs dimensions créatrices : tendresse, douceur, joie, admiration, gratitude... Ce fait suffirait à mon sens à expliquer beaucoup de choses. On peut voir, en effet, les émotions non pas comme des manifestations isolées, comme des météorites s'abattant tout à coup sur notre réalité, mais au contraire comme des ajustements de notre organisme, des réactions à une stimulation ou à une expérience quelconque.

Ceci revient en fait à approcher les émotions par un biais diamétralement opposé à celui des auteurs mentionnés. Au lieu d'être foncièrement anarchiques et perturbatrices, les émotions sont au contraire profondément sensées et facteur d'harmonie. Si j'ai mal, il est très sensé que je pleure. Si quelqu'un me nie comme personne, il est normal que je me défende avec vigueur. Si quelqu'un

---

40. Noble, *Passions...*, col. 2233.
41. Tanquerey, *Précis...*, pp. 564-65.

m'apparaît beau et bon, il est naturel que je réagisse avec plaisir et affection.

On peut serrer de plus près encore le fonctionnement des émotions, si on les comprend comme des polarités complémentaires. On aura ainsi :

douceur ————————————force
tendresse ————————————agressivité
joie————————————————peine
sécurité————————————————peur
besoin de contact ——————————besoin de solitude
besoin d'être réceptif——————————besoin de s'affirmer
besoin de penser aux autres ——————besoin de penser à soi
besoin de regarder ses limites——————besoin de regarder ses forces

Tableau II Les polarités complémentaires

Si l'on regarde posément chacune de ces polarités, il est très facile d'imaginer des circonstances où chacun des éléments qui les constituent apparaît foncièrement naturel et légitime. En d'autres mots, la lecture *horizontale* ne soulève aucune difficulté lorsque l'on comprend que la personne est mobile sur sa polarité, à la fois selon les événements et la dynamique de sa personnalité.

Cependant, il peut aussi arriver que l'on fasse une lecture *verticale* de ce tableau, et que l'on isole alors les émotions de leur dynamique vivante. Selon notre vision du monde et de la morale, il devient alors très tentant d'ériger notre lecture partielle en système, et de trancher à vif dans la vie en disant qu'une face de la personne humaine est bonne et l'autre mauvaise.

Compte tenu de la façon dont on a traditionnellement compris la morale chrétienne, il devient facile de voir comment les auteurs chrétiens ont pu être amenés à valoriser la partie gauche du tableau, à l'exclusion de la partie droite.

Pour des raisons morales, les individus devaient se forcer à demeurer du côté gauche de chacune de leurs polarités. Ces émotions devenaient des vertus, et les émotions complémentaires devenaient des péchés ou des vices, dans la plupart des cas. On pourrait ainsi retrouver la colère (agressivité), le manque d'espérance ou le fait de ne pas être raisonnable (peine), la lâcheté (crainte), l'orgueil (besoin de s'affirmer), l'égoïsme (besoin de penser à soi)...

Dès lors, les éléments du cercle vicieux étaient en place. En effet, plus on se contraint à demeurer à un extrême de sa polarité, plus il devient probable qu'on sera projeté un jour avec force à l'autre extrême, lorsque la pression de l'organisme sera devenue suffisante. «Chassez le naturel et il revient au galop.» Prétendez que vous n'avez pas d'agressivité et elle éclatera sournoisement au mauvais moment.

Je parle de cercle vicieux, car lorsqu'elles éclataient sous pression, ces manifestations émotives ne pouvaient être perçues que comme intempestives, anarchiques et destructrices. Les moralistes se trouvaient alors confirmés dans leur évaluation négative des émotions, et amenés à insister encore davantage pour qu'on les réprime. Et une émotion davantage réprimée se manifeste d'une façon davantage inadéquate et perturbatrice...

Lorsque l'on interrompt le processus naturel de l'organisme humain, l'émotion *devient* anarchique. Mais elle ne l'était pas au début.

Deuxième présupposé : *la raison est fiable*

La confiance que certains auteurs chrétiens accordent à la raison est pratiquement absolue et inconditionnelle. À lire leurs écrits, il ressort clairement que le salut réside dans la raison. Voici ce que l'un d'entre eux écrit : «L'architecte ne commande l'exécution d'une maison qu'après avoir établi un plan minutieux de l'édifice à construire. (...) Si la maison, une fois achevée, répond au plan, nous dirons que tout y est bien parce que 'tout y est raisonnablement compris'. L'action morale est à sa manière une œuvre d'art, du moins une œuvre rationnelle, la prudence la règle d'avance et en dicte avec sagesse la proportion et la mesure ; car l'homme est raison et tout ce qu'il fait doit porter la marque de la raison.[42]»

Si on dégage les positions de fond, on en arrive aux équations suivantes : raison égale vérité, sûreté, réussite, et émotions égalent erreur, précarité, échec.

Or, ces positions ne sauraient être retenues comme vraies, non seulement par le psychologue, mais par le théologien lui-même. La théologie traditionnelle, en effet, en accord avec le dogme, a toujours tenu que le mystère de la «faute originelle» atteignait l'être humain non seulement dans sa sensibilité (la «concupiscence» des prédicateurs d'autrefois), mais aussi bien dans sa volonté et dans son *intelligence.* Metz écrira ainsi : «La concupiscence (...) atteint tout l'homme. (...) La contradiction qui s'annonce dans la concupiscence est une contradiction de l'homme avec lui-même, une espèce d'aliénation par rapport à lui-même, dans laquelle l'homme ne s'est pas retrouvé comme totalité.[43]»

Cette position de la théologie traditionnelle est claire et elle n'est jamais ouvertement remise en cause par les auteurs de manuels de spiritualité. En pratique cependant, plusieurs d'entre eux s'en écartent carrément lorsqu'ils abandonnent l'anthropologie biblique où la personne est une, pour revenir à l'anthropologie grecque qui sépare l'être humain en raison (supérieure, éclairée...) et corps (source d'impulsions et d'aveuglement).

Quant au psychologue moderne, du moins celui du courant humaniste, il rejoint spontanément le camp du théologien traditionnel pour se dissocier de l'approche des auteurs chrétiens en cause ici. Au nom de la psychologie, Freud le premier avait battu en brèche ce postulat affirmant que la raison est fiable. Pour Freud, la raison est minée par les émotions inconscientes, et elle est trop faible pour en prendre conscience. Mais si Freud se méfie de la raison, qui lui apparaît suspecte dans ses rationalisations, il se méfie également des émotions, qui sont facilement aveugles et destructrices. Le psycholo-

---

42. Noble, *Passions...,* col. 2234 (la citation de saint Thomas provient du *De Virtutibus*, q. 1, a.13).

43. J.-B. Metz, article *Concupiscence*, dans *Encyclopédie de la Foi*, t. I, Paris, Cerf, 1965, p. 225.

gue humaniste, pour sa part, serait enclin à reporter sur la raison la responsabilité de beaucoup de désordres que l'on attribue spontanément aux émotions.

La «faute originelle» a souvent été attribuée à la concupiscence de l'homme, c'est-à-dire au dérèglement de ses passions (ou en d'autres mots, de ses émotions). Mais une interprétation plus traditionnelle encore relie la «faute originelle» au dérèglement de la raison, c'est-à-dire à l'«orgueil». Selon cette explication, le drame original a pris racine non pas dans le corps de l'homme ou dans ses émotions, mais bien dans sa tête. Metz écrira à ce propos: «On tente d'interpréter de manière plus nuancée le contenu du phénomène (de la concupiscence) et de le comprendre avec la psychologie moderne comme une tentation de constituer en absolu le moi propre[44]...»

Les psychologues humanistes seraient spontanément d'accord avec cette vérité profonde qui est exprimée par le mythe de la «faute» d'Adam. Ces psychologues diraient que les choses commencent à mal aller non pas lorsque la tête relâche son contrôle sur le corps, mais inversement, lorsque la tête se coupe de sa régulation par le corps! Voici un scénario possible.

La tête accumule des connaissances. Les connaissances donnent à l'homme la conscience de son pouvoir. La conscience de son pouvoir amplifie chez l'homme la conscience de son individualité. La conscience amplifiée de son individualité amène l'homme à consommer toutes sortes de ruptures: avec ses rythmes biologiques propres, avec son environnement physique (domination), avec son environnement social (compétition)...

Bref, pour beaucoup de théologiens et de psychologues, non seulement la tête n'est-elle pas fiable a priori et hors de tout doute, mais c'est même au contraire à elle qu'il faut remonter si l'on veut retracer l'origine des grands problèmes de l'homme.

J'ai conscience de simplifier beaucoup de questions fort complexes, et surtout de ne pas rendre justice à la réflexion théologique actuelle en me limitant à quelques

---

44. Metz, *Concupiscence...*, p. 226.

auteurs anciens. En déterrant de vieux auteurs, j'ai peut-être choisi des cibles faciles, mais c'était pour mieux identifier des croyances encore vivaces aujourd'hui à l'effet que les émotions gâchent tout et que le salut est dans la raison.

Troisième présupposé : les «dons du Saint-Esprit» sont inefficaces

Il y a enfin un troisième postulat implicite dans les écrits des auteurs chrétiens auxquels je référais plus haut. Ce postulat pourrait se formuler comme suit : pour orienter la conduite, les «dons du Saint-Esprit» sont inefficaces, et mieux vaut se fier à la raison que se fier à eux. Cette affirmation surprendra sans doute un peu, mais j'ai nettement l'impression que ces auteurs se mettent en contradiction avec eux-mêmes. Voyons de plus près.

Dans l'article sur les *Dons du Saint-Esprit* cité plus haut, on distingue deux étapes dans la croissance spirituelle, à savoir l'étape de la pratique des vertus (que les spécialistes de la vie mystique appellent la «voie illuminative»), et l'étape de la pratique des dons du Saint-Esprit (aussi appelée «voie unitive»). Or, le contrôle des comportements par la raison est clairement associé à l'étape de la pratique des vertus, qui est l'étape de l'analyse et du contrôle, tandis que l'étape suivante est celle de la réceptivité aux inspirations venues du fond de soi, l'étape où les comportements sont réglés non plus par la tête, mais par l'instinct spirituel à l'œuvre dans l'homme.

Dans l'article sur les *Passions,* cité plus haut également, aucune trace de la doctrine des dons du Saint-Esprit. On pourrait peut-être tenter d'expliquer cette absence étonnante par le fait que cet article est consacré aux émotions et non pas à une analyse du fonctionnement humain. Mais cette explication ne tient pas car, dans cet article, on présente dans les faits un modèle du fonctionnement humain, et dans ce modèle, on donne le beau rôle à la tête, à l'exclusion de tout ce qui peut émaner des autres éléments de la personnalité (émotions, sentiments, inspirations...).

On ne peut affirmer en même temps que l'idéal consiste à se guider en tout par sa raison, et à se laisser guider en tout par l'instinct spirituel agissant au fond de soi. Et si un auteur privilégie en fait la raison au détriment de l'instinct, on est en droit de penser que cette personne a davantage confiance en la tête qu'en l'instinct. Tout comme le Blanc de la fable, les auteurs peuvent affirmer bien haut leur croyance au plan des principes (ici, leur croyance en l'«Esprit Saint»). Mais lorsqu'ils se laissent aller à exprimer spontanément leur conception du fonctionnement humain, on s'aperçoit qu'ils laissent à l'instinct spirituel une place fort réduite dans les faits.

LA CROISSANCE PAR L'AMBIGUÏTÉ

Regardez l'illustration suivante jusqu'à ce que vous compreniez ce qu'elle signifie.

Figure 2 *Un stimulus ambigu*

Si vous réagissez comme la plupart des personnes à qui j'ai demandé la même chose, vous voyez *soit* une figure humaine vue de face, avec cheveux et barbe, *soit* deux figures humaines, chauves et imberbes, tournées l'une vers l'autre et vues de profil.

Remarquez maintenant le phénomène suivant : lorsque vous regardez attentivement la figure unique vue de face, vous «perdez» les deux profils, et inversement, lorsque vous fixez les deux profils, vous perdez la figure unique.

Enfin, remarquez que cette illustration ne présente *ni* une physionomie vue de face, *ni* deux physionomies vues de profil. Tout ce qu'elle contient, c'est un cercle contenant deux lignes brisées, quelques traits de plume dans sa partie supérieure et dans sa partie inférieure, ainsi que deux petites ellipses pleines entourées d'un trait.

En s'inspirant de l'école psychologique de la Gestalt, on peut faire au moins quatre commentaires sur cette petite expérience.

1   Tout d'abord, on organise ce qu'on perçoit. On perçoit quelques traits d'encre noire sur fond blanc, et on dit: c'est une face humaine, ou: ce sont deux profils. Et ce, même si aucune des physionomies en question n'a d'oreilles et si la figure vue de face n'a ni nez ni bouche. Il faut donner un sens à ce qu'on perçoit, quitte à imaginer les détails qui manquent pour justifier son interprétation.

2   On retient ce que l'on comprend et on évacue le reste. Pour pouvoir percevoir deux profils, il me faut « perdre dans le décor » l'autre interprétation possible (la figure vue de face), et vice versa.

3   Ce qu'on évacue pourrait prendre une cohérence nouvelle si on ne l'évacuait pas si vite. Ainsi, si vous en étiez demeurés à votre première « lecture » de l'illustration, vous n'auriez capté que la moitié de ce qu'elle était destinée à vous communiquer.

4   Évacuer un sens, c'est donc appauvrir sa perception, et par la suite, sa compréhension du réel. C'est donc réduire la qualité de ses interactions avec ce réel, et ultimement, s'appauvrir soi-même.

On retrouve ici la proposition fondamentale qui est à la base du courant dit de la « croissance humaine », dans la psychologie nord-américaine. Cette proposition pourrait se formuler comme suit: la personne humaine demeure habituellement insensible à une portion significative de la réalité extérieure (ses relations avec son environnement) et de sa réalité intérieure.

Reprenons l'expérience, de manière à mieux cerner le processus de la croissance affective. Supposons que

l'illustration suivante représente ma situation affective
actuelle.

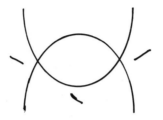

Figure 3   *Symbole d'une situation affective ambiguë*

Si je la perçois superficiellement, je puis dire: voilà
un cercle. Mais si je me laisse atteindre par tous les sens
possibles de cette configuration, je dirai: il se pourrait
que ce qui se présente comme un cercle soit en fait le
recouvrement de deux ellipses différentes. La configuration serait alors la résultante des deux figures suivantes:

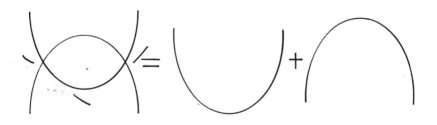

Figure 4   *La configuration et ses éléments*

Le soi-disant cercle pourrait alors représenter la synthèse partielle de deux dynamiques affectives différentes.
Par exemple, j'éprouve en moi un sentiment bizarre que
j'identifie superficiellement comme de l'agressivité

(cercle) envers une personne de l'autre sexe de mon entourage. Si j'examinais plus attentivement ma situation affective, je m'apercevrais que mon agressivité est en réalité la résultante d'un sentiment d'attrait (ellipse A) et de peur (ellipse B) que j'éprouve *simultanément* envers la personne en question.

Le facteur déterminant pour une bonne saisie de mon vécu affectif réside ainsi dans la façon dont je me laisse atteindre par ce vécu. En termes plus généraux, on pourrait dire : une perception valide est fonction de la durée de l'exposition aux stimuli pertinents.

La tolérance de l'ambiguïté.

Les illustrations présentées plus haut ont démontré le fait que les stimuli qui m'atteignent sont souvent ambigus, susceptibles d'interprétations différentes. Ce qui entre alors en jeu, c'est ma capacité de tolérer l'ambiguïté pendant tout le temps requis pour me laisser atteindre par la réalité en cause. Or, ceci est menaçant, parce que l'ambiguïté peut se clarifier dans une direction que je n'aimerai pas, me révéler des choses que j'aurais préféré ne pas apprendre, m'obliger à des réajustements pénibles dans ma façon de me voir et de voir autrui.

Mais si je veux grandir, il me faut consentir à me laisser instruire par les faits, les laisser se déployer tels qu'ils sont et non pas tels que je préférerais les voir. Si je veux vivre vraiment et non pas flotter à la surface des choses et de moi-même, il me faut laisser la vie se révéler et me révéler à moi-même, au fil de mon expérience personnelle.

On arrive ainsi à la proposition suivante. Grandir (ou faire grandir), c'est introduire suffisamment d'ambiguïté pour que le sujet s'en trouve stimulé dans la mise en œuvre de son potentiel. Prenons l'exemple de la relation d'un jeune enfant avec sa mère.

Si la mère essaie d'éviter toute ambiguïté à son enfant, si en d'autres termes elle le surprotège, cet enfant s'en trouvera sérieusement handicapé dans sa croissance psychosociale. Dans cet exemple, la surprotection pourrait se décrire de la façon suivante: ne bouge pas; attention, tu vas te faire mal; attends, maman va s'occuper de toi; laisse faire maman, c'est trop dangereux; tu joueras avec cela plus tard, tu es trop petit maintenant...

La mère qui veut instinctivement introduire la «bonne quantité» d'ambiguïté dans la vie de son enfant pourra au contraire lui dire: va jouer autour de la maison avec les petits voisins, et si tu as besoin de moi, je suis dans la cuisine.

Il existe cependant des limites à la quantité d'ambiguïté qu'un sujet peut tolérer. Celui-ci réagirait par une anxiété dangereuse à un environnement qui serait complètement non structuré et non délimité. Ce serait le cas pour l'enfant de notre exemple si sa mère lui disait, verbalement et non verbalement: va n'importe où et fais n'importe quoi, maman ne réagira pas. Si une telle attitude était communiquée à l'enfant suffisamment longtemps, celui-ci réagirait en développant une pathologie quelconque, soit de type schizoïde, soit de type délinquant. Cette dernière structure correspondrait à la dynamique suivante: je ne suis pas sûr que maman m'aime, par conséquent je ne suis pas sûr que je suis aimable. La croissance de cet enfant ferait alors place à une série de stratégies destinées à réintroduire un peu de sécurité dans son univers en contrôlant son environnement et en manipulant autrui. Le graphique suivant illustre ce phénomène.

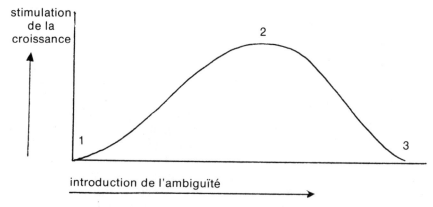

Figure 5 *Le rapport croissance-ambiguïté*

Dans ce graphique, nous retrouvons les trois situations suivantes :

1   Surprotection, c'est-à-dire aucune ambiguïté, et donc, aucune croissance.

2   Quantité optimale d'ambiguïté, et donc, stimulation optimale de la croissance.

3   Quantité excessive d'ambiguïté, et donc, freinage de la croissance.

Ce schéma peut aussi s'appliquer au processus d'apprentissage cognitif. Prenons l'exemple d'un conférencier qui s'adresse à un auditoire. Si ce conférencier ne fait que répéter des choses que son auditoire connaît parfaitement, il n'y aura aucune ambiguïté, et conséquemment aucune stimulation cognitive.

À l'opposé, si le conférencier n'utilise que des concepts nouveaux et qu'il ne se réfère qu'à des théories que son auditoire ignore, il y aura trop d'ambiguïté, trop d'inconnu, et son auditoire n'en retirera aucun profit.

Le conférencier atteindra la stimulation optimale des processus cognitifs de ses auditeurs en introduisant la quantité optimale d'ambiguïté. Cela signifiera : suffisamment d'ambiguïté pour leur faire quitter leurs bases familières et les stimuler dans leur réflexion, sans toutefois les priver complètement de toutes bases de références, comme dans le schéma précédent.

Du plaisir à la désorganisation

Il y a bien sûr une grande différence entre une conférence où le sujet reçoit des informations objectives sur une réalité qui lui est extérieure (par exemple, l'évolution de la situation économique en Bulgarie), et une situation vitale où le sujet se trouve confronté à lui-même. Dans le premier cas, les émotions susceptibles d'être éprouvées par le sujet se situeront sur un continuum allant du simple ennui (si on lui répète des choses qu'il sait déjà) à la frustration (s'il ne comprend rien) en passant par le plaisir (s'il survient un bon dosage entre le connu et l'inconnu).

Dans la situation où le sujet se trouve impliqué au plan de son fonctionnement personnel, la gamme d'émotions est tout autre. Le plaisir se trouve complètement à gauche du continuum, et il diminue à mesure qu'on se déplace vers la droite, pour faire place à l'inconfort et à la douleur. Examinons ce continuum.

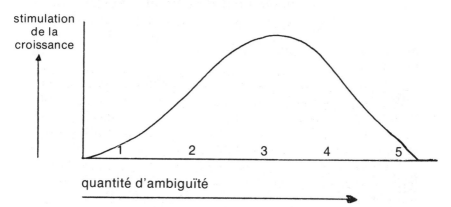

Figure 6 *Réactions émotives à la quantité d'ambiguïté*

1	Plaisir :	le sujet ne sent aucune ambiguïté en lui-même : il se sent unifié, intégré, bien dans sa peau.
2	Inconfort :	le sujet sent qu'il y a des zones d'ombre, des choses non identifiées qui bougent en lui.
3	Tension :	le sujet se sent coupé de son identité d'autrefois et amené là où il ne sait pas par des forces qu'il ne comprend pas.
4	Anxiété :	le sujet devient anxieux, il se sent menacé par la panique.
5	Désorganisation :	le sujet échappe à la pression de l'inconnu, devenue

intolérable, en sombrant dans la maladie mentale.

Ce développement permet d'introduire le concept de résistance. On peut définir globalement ce concept comme la tendance du sujet à se refermer lorsqu'il est mis en présence de choses qu'il ignore sur lui-même. Dans notre schéma, la résistance commencera à se manifester dès que l'on quittera la position 1, qui est la position de la clarté et du plaisir, pour évoluer vers l'inconfort de l'inconnu.

Rappelons que nous nous trouvons ici au plan interne de la personnalité, et non pas au plan de l'activité extérieure. Au plan interne, clarté et unité équivalent à plaisir, tandis qu'au plan externe, une certaine dose d'inconnu, de problématique, est requise pour qu'il y ait stimulation et donc plaisir. Je résiste instinctivement à tout ce que je peux découvrir d'inconnu sur moi-même, car cette opération est *toujours* bousculante pour mon image personnelle. À l'extérieur de moi, je recherche instinctivement ce qui peut me stimuler sensoriellement, intellectuellement et affectivement.

Si la zone comprise entre les positions 1 et 3 du continuum est une zone positive parce que stimulante, la zone comprise entre les positions 3 et 5 est pour sa part négative, car elle peut perturber sérieusement la personnalité. La résistance est donc une émotion qu'il faut prendre au sérieux, car plus elle est forte, plus elle indique que le sujet se sent menacé dans son intégrité personnelle. L'aventure humaine n'est ni une promenade sans histoire au beau soleil de midi (position 1), ni un long supplice à la frontière du désespoir (position 4). Pour la moyenne des gens, elle apparaît plutôt comme un processus cyclique d'apparition et de résorption de l'ambiguïté, c'est-à-dire comme un processus de croissance continuelle par l'alternance des phases de lumière et des phases d'obscurité. Nous poursuivrons cette exploration au chapitre suivant. En terminant, j'évoque quelques situations concrètes susceptibles d'être associées à l'émergence de l'ambiguïté.

En pratique, la vie quotidienne recèle de nombreuses occasions de laisser l'ambiguïté se déployer en soi. Je regarde longuement un feu de foyer et je me laisse emporter docilement par les images qui me viennent. Je dialogue avec un ami et je me fais présent à tout ce qu'il partage, puis j'exprime spontanément tout ce que je ressens. Je suis seul pour une demi-heure et je passe ce moment avec moi-même au lieu d'ouvrir la radio pour écouter des choses que je n'ai pas vraiment le goût d'entendre, ou de feuilleter une revue ou un journal que je n'ai pas vraiment le goût de lire. Je me recueille pour un moment et je me laisse être ce que je suis.

Dans tous ces cas, j'arrête de structurer moi-même mon expérience, de remplir moi-même mon temps, d'occuper ou de distraire mon esprit. Je cesse de faire pour me laisser être, je cesse de parler pour écouter, je cesse de poursuivre un objectif en droite ligne pour me laisser dériver doucement au fil de mes courants intérieurs, pour me laisser instruire docilement par mes voix et mes images intérieures.

L'UTILISATION DE L'AMBIGUÏTÉ
PAR JÉSUS

Je terminais le chapitre précédent en évoquant l'alternance des périodes de clarté et des périodes d'obscurité dans l'aventure humaine. Cette alternance constitue un rythme fondamental qui se trouve bien décrit sous une forme poétique dans le livre de l'Ecclésiaste. Celui-ci affirme: «Il y a un temps pour tout faire sous le ciel» (Qo 3, 1). Graphiquement, ce rythme pourrait s'exprimer ainsi:

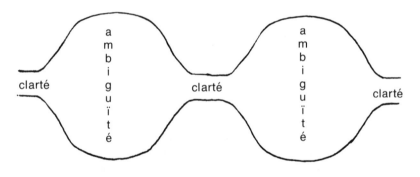

Figure 7 *Le rythme clarté-ambiguïté*

L'amplitude des oscillations représentées ici se trouve déterminée par la sécurité personnelle du sujet. Plus le sujet est «insécure», plus il va résister à l'introduction de l'ambiguïté dans sa vie, et vice versa. Ceci explique que deux sujets puissent réagir différemment à un même événement qui représente pour eux une remise en question personnelle. Le sujet A, par exemple, peut recevoir un commentaire sur l'un de ses comportements avec un mélange de résistance et d'ouverture, alors que face au même commentaire, le sujet B se sentira rejeté et réagira très agressivement. Si la même cause objective et donc la même quantité d'ambiguïté produit des effets différents, c'est que le sujet B se trouve alors amené beaucoup plus près de son seuil de tolérance que le sujet A. Le graphique suivant tente d'illustrer ce phénomène. La courbe en trait plein représente le sujet A, alors que la courbe en trait pointillé représente le sujet B.

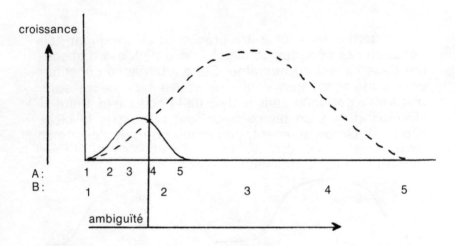

Figure 8   *La courbe de la tolérance à l'ambiguïté pour les sujets A et B*

Selon ce graphique, le commentaire amène le sujet A dans sa zone d'anxiété (1- plaisir, 2- inconfort, 3- tension, 4- anxiété, 5- désorganisation) alors que le même commentaire amène le sujet B dans sa zone d'inconfort.

Parce qu'il possède moins de sécurité personnelle, le sujet A doit se fermer plus vite à l'ambiguïté que le sujet B. Il s'en trouve de la sorte beaucoup moins stimulé dans sa croissance personnelle. Son cycle vital (alternance clarté-confusion) aura conséquemment une amplitude beaucoup moindre que le cycle vital du sujet B.

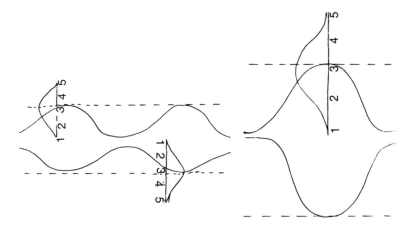

Figure 9 *Le cycle vital*   **Figure 10** *Le cycle vital*
              du sujet A   *du sujet B*

Superposons maintenant le cycle vital du sujet A (en trait plein) et du sujet B (en pointillé).

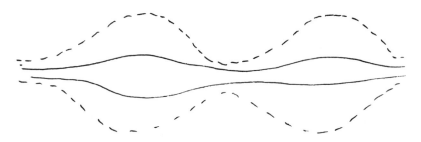

Figure 11 *Superposition du cycle vital des sujets A et B*

Ceci entraîne une conséquence importante qui est déjà perceptible sur ces graphiques : le sujet B vivra deux fois plus intensément que le sujet A, il se posera plus de questions et fera conséquemment plus de découvertes sur lui-même, et ces découvertes l'amèneront à actualiser son potentiel, alors que le sujet A laissera le sien en friche.

Le rythme vital dans le livre de Qohélet

Qohélet formule ainsi le rythme vital :

> « Il y a un temps pour chercher
> Et un temps pour perdre,
> Un temps pour garder
> Et un temps pour jeter,
> Un temps pour déchirer
> Et un temps pour coudre.
> Un temps pour gémir
> Un temps pour danser. »

Qo 3, 4-7

L'association est la suivante : chercher, coudre, garder, danser d'une part, et perdre, jeter, déchirer et gémir de l'autre. Il y a un temps pour chercher sa cohérence et son unité intérieures et, lorsqu'on les a trouvées, les conserver et en tirer du plaisir. Et il y a aussi un temps pour renoncer à sa synthèse intérieure familière, lorsque celle-ci se trouve battue en brèche par la vie qui évolue. Ce temps de rupture et de perte est alors un temps de souffrance.

Le jeu des verbes et des images fait bien ressortir l'attitude de la personne dans ce changement de climat intérieur qui constitue son rythme vital. D'une part, il s'agit d'une expérience passive, de quelque chose que l'on subit : on parle de perte. Mais d'autre part, on souligne fortement l'attitude active du sujet dans cette expérience. C'est lui qui « déchire » ses vieilles synthèses lorsqu'il les sent dépassées, et qui se met en frais de s'en « coudre » une nouvelle lorsqu'il sent le temps venu.

Ce poème réconcilie d'une façon splendide deux vérités complémentaires concernant le cycle vital. D'une part, il y a un rythme que l'on ne contrôle pas et auquel il faut s'accorder docilement : « Il y a un temps pour enfanter et un temps pour mourir... » (v. 1). D'autre part, à l'intérieur de cette docilité, il y a des coups de barre qu'il faut savoir donner lorsque l'on sent le moment venu : « Il y a un temps pour détruire et un temps pour bâtir » (v. 3), « Un temps pour garder et un temps pour jeter » (v. 6).

Le rythme vital opère la réconciliation profonde de polarités complémentaires: passivité et activité, abandon et vigilance, obéissance et liberté, docilité et spontanéité, éthique de consentement et éthique de responsabilité...

Le cycle vital chez Jésus

Appliquons à la vie de Jésus ces observations de Qohélet. Il y a un temps pour mûrir lentement à Nazareth et un temps pour passer à l'action (Mt 4, 12), un temps pour fêter et un temps pour jeûner (Mc 2, 19-20), un temps pour agir et un temps pour prier (Mc 6, 45-46), un temps pour l'affrontement (Mc 7, 6-13) et un temps pour l'accueil (Lc 5, 29-32)...

Ces alternances vitales permettent ainsi de réconcilier des traits en apparence si opposés chez Jésus: sa façon farouche de défendre la liberté et de demander en même temps l'obéissance absolue à Dieu, sa critique sévère de certains comportements et son accueil chaleureux des personnes, sa sensibilité aux besoins des gens et son indépendance face aux pressions populaires... L'évangile dira à ce propos que si Jésus apparaît si libre et s'il a tellement d'impact sur ses contemporains (Mc 1, 22), c'est qu'il sait s'accorder à ses rythmes intérieurs (Lc 11, 1).

Or, pour s'accorder à ses rythmes intérieurs, il faut être prêt à affronter l'ambiguïté dans sa vie. L'approche du «cycle vital» proposerait ainsi la lecture suivante du cheminement de Jésus. Après des années auprès des siens dans le village tranquille de Nazareth, Jésus sent que l'heure est venue de «perdre» cet environnement familier, de «déchirer» les liens interpersonnels que ses proches tenteront par la suite de raccommoder (Mc 3, 31-32), en un mot, de «jeter» cette vieille synthèse qui lui a longtemps convenu, mais qui ne lui convient plus maintenant.

Cette démarche implique que Jésus accepte de se retrouver en pleine ambiguïté: Où est-ce que je vais demeurer? Avec qui vais-je vivre? De quoi vais-je vivre? Qu'est-ce que je vais faire? Ces questions renvoient à une autre: De quoi ai-je le goût? Qu'est-ce que je désire?

Cette question en entraîne une autre, elle aussi : Qu'est-ce que je veux devenir ?. et ultimement, cette question renvoie Jésus à la question chrétienne fondamentale : Qui suis-je devant « Dieu » ?

L'épisode des tentations de Jésus au désert équivaut à la démarche par laquelle Jésus ouvre les vannes à son ambiguïté existentielle, où Jésus mobilise le courage de se laisser inonder par ses questions, avec toutes les tensions et l'anxiété que cette démarche pourrait entraîner.

Par la suite, c'est fort de son expérience personnelle que Jésus pourra en inviter d'autres à vivre pour leur compte cette même démarche. « Cherchez et vous trouverez. » (Mt 7, 7). Mettez-vous en situation de faire des découvertes vitales et vous en ferez ; quittez vos sécurités, laissez monter vos questions, et vous ferez des prises de conscience qui vous amèneront à des réajustements salutaires dans vos vies...

L'ambiguïté dans le système

D'une façon générale, Jésus introduit de l'ambiguïté dans le système religieux de son temps. Scribes et Pharisiens sont les hommes de la clarté. Avec ses six cent et quelque préceptes, ordonnances et défenses, leur loi a tout prévu et évacué toute question. Or, Jésus vient tout à coup réintroduire une forte charge d'ambiguïté dans le système, par la référence à ses conclusions personnelles : vous autres, vous voyez les choses comme ça, mais moi je les vois différemment ! (« Vous avez appris... eh bien ! moi je vous dis... » — Mt 5, 21-22).

Par ses attitudes et ses comportements, Jésus vient réouvrir des questions que l'on croyait clarifiées et réglées à jamais : l'observance du sabbat (Mc 2, 23-28) et la pratique religieuse (Mt 12,7) ne sont pas des absolus, le temple n'est pas indispensable (Jn 4, 21-24), le contact physique chaleureux avec une femme n'est pas toujours à éviter (Lc 7, 36-38), l'alcool a une certaine place dans la vie (Mt 11, 19), etc.

Dans tous ces cas, Jésus fait scandale, il est perçu comme « ambigu ». On attendrait de quelqu'un qui se dit croyant un peu plus de «tenue» dans ses comportements et de «rigueur» dans sa théologie!

Si Jésus introduit tant d'ambiguïté dans le système étroit des Pharisiens et des Scribes, c'est justement pour amener ces derniers à élargir le corridor sécuritaire qu'ils se sont construit pour traverser la vie, à l'abri d'eux-mêmes et des événements. Alors que leur cycle vital devrait les entraîner tour à tour dans des phases de clarté et des phases de confusion, Scribes et Pharisiens s'avancent dans la vie à la lumière artificielle de leurs principes douteux. Le schéma suivant illustre ce phénomène.

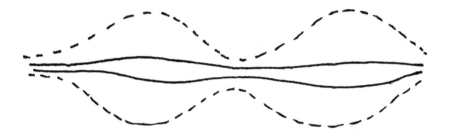

Figure 12 *L'ouverture et la fermeture à la vie*

Dans ce schéma, la ligne en trait pointillé indique l'intensité possible de la vie des sujets, s'ils en prenaient le risque, et la ligne en trait plein indique la restriction réelle de leurs horizons.

À l'inverse des Pharisiens et des Scribes qui sont des gens de clarté et d'ordre, les «pécheurs» sont des gens de confusion et de tensions. Ils font des choses qui ne leur conviennent pas vraiment ou pour lesquelles ils se sentent jugés et rejetés. Ils se sentent en recherche d'une façon de vivre qu'ils n'ont pas encore trouvée, en marche vers une unité et une cohérence qui tardent à venir. C'est pourquoi Jésus tente de leur communiquer un peu de paix et d'espérance, afin qu'ils puissent continuer à cheminer dans leur recherche. Le schéma suivant reprend cette situation.

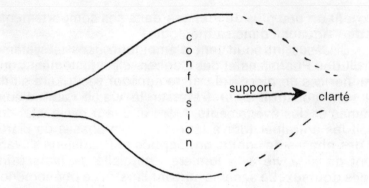

Figure 13 *Le support durant la phase d'ambiguïté*

L'ambiguïté et la bienveillance

À partir de son cheminement intérieur et de la fréquentation de sa tradition spirituelle, Jésus a découvert ce qu'il présente comme la bienveillance de Dieu. Or, il existe une relation mystérieuse entre l'ambiguïté et la bienveillance. Essayons de déplier un peu ce mystère.

Plus je suis spécifique dans ma façon de décrire une réalité, moins je suis évaluatif par rapport à cette réalité. Si je saisis rapidement et superficiellement les faits, je dirai par exemple : j'ai refusé de rendre un service, je suis un égoïste. Si je suis plus spécifique, je dirai : après cinq soirs de travail en heures supplémentaires, j'étais très fatigué et j'ai demandé à la personne qui me demandait un service si elle ne pouvait pas s'organiser autrement pour cette fois...

La proposition «plus je suis spécifique, moins je suis évaluatif» devient ainsi : plus je suis conscient de ma réalité (ou de celle d'autrui), plus je suis bienveillant face à moi-même (ou face à autrui).

Ces propositions peuvent s'inverser pour devenir : moins je suis évaluatif, plus je puis me voir tel que je suis et voir autrui tel qu'il est et donc, plus je puis apprendre à m'aimer et à aimer autrui. C'est ici que la question de l'ambiguïté refait surface, car le fait d'être évaluatif se trouve étroitement relié à l'insécurité personnelle. Plus je suis «insécure», plus je me juge et plus je juge autrui, plus je m'empêche d'être moi-même et plus j'empêche autrui d'être lui-même.

Plus je suis «sécure» au contraire, plus je suis en mesure de prendre le risque de laisser l'ambiguïté surgir, de me laisser connaître par moi-même dans toutes mes dimensions et toutes mes facettes. Nous nous retrouvons donc avec la séquence suivante :

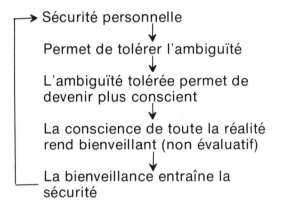

Figure 14 *La séquence sécurité-bienveillance*

À la limite, quelqu'un qui n'aurait aucune peur serait tout à fait conscient, et donc tout à fait bienveillant. Nous nous approchons probablement ici de la façon dont Jésus avait l'intuition de Dieu. Au-delà de tout réflexe évaluatif, Dieu «fait lever son soleil sur les méchants et sur les bons» (Mt 5, 45). On peut saisir ici une invitation à faire la lumière sur tout son être, dans ses facettes apparemment «méchantes» comme dans ses facettes apparemment «bonnes», et à faire briller la lumière de sa bienveillance sur toutes les parties de son être et sur tout être, au-delà de toute évaluation. En effet, c'est seulement après que quelqu'un se soit permis de bien comprendre ce qui se passe en lui qu'il peut opérer les discernements nécessaires et s'orienter vers le comportement adéquat.

Ainsi se trouve un peu éclairé le paradoxe de Jésus, qui invite tour à tour à se sentir profondément en paix, et à se remettre en question. Dans cette perspective du «cycle vital», grandir ne consiste plus à s'assigner des idéaux arbitraires et à se forcer ensuite à les réaliser, quoi qu'il arrive, mais plutôt à faire tranquillement de la place à ce qui se passe en soi, à laisser la vie émerger à son rythme à elle, à reconnaître et accueillir fraternellement son vécu à mesure que celui-ci prend forme.

10

LE COMPLEXE DE JONAS
OU LA PEUR DE L'INSTINCT

> Là où se trouve le grand nombre,
> là se trouve la sécurité.
> Ce que le grand nombre croit
> doit bien être vrai.
> Ce que le grand nombre désire
> doit valoir la peine d'être
> [recherché.
>
> Jésus et Paul ne sont-ils pas les prototypes de ceux qui, faisant confiance à leur expérience intérieure, ont tracé leur propre chemin, sans tenir compte de l'opinion publique?[45]
>
> C. Jung

Le psychologue Maslow a «inventé» un nouveau complexe qui, à la vérité, est vieux comme le monde. Le complexe de Jonas caractérise le fonctionnement du sujet qui, se retrouvant face à de nouvelles possibilités de créativité et de croissance, prend peur et se retire. Se sentant appelé à aller prendre la parole sur un sujet délicat devant des inconnus, Jonas se met à résister et tente de se défiler. Devant cette situation menaçante, il mobilise ses résistances et tente d'échapper à son destin.

Le complexe de Jonas est partagé par beaucoup d'autres figures dans la Bible. Croissance, fidélité à soi-même, vocation, mission, obéissance à Dieu, voilà autant d'expressions qui évoquent un même défi: celui de mou-

---

45. C. Jung, *The Undiscovered Self*, New York, The New American Library, (© 1957), pp. 71 et 69.

rir à sa sécurité pour prendre le risque de l'inconnu. En partant non pas de la Bible mais de la psychologie, Maslow retrouve à sa façon le «mystère pascal» que le complexe de Jonas essaie justement d'éviter. Il écrit: «La croissance n'offre pas que des récompenses et du plaisir, mais aussi plusieurs souffrances intrinsèques, et il en sera toujours ainsi. (...) Chaque pas en avant implique fréquemment une rupture et une séparation, et même une sorte de mort préalable à la renaissance, avec la nostalgie, la peur, la solitude et le deuil qui s'ensuivent. La croissance par en avant s'effectue malgré ces pertes, et requiert conséquemment du courage, de la volonté et de la force de la part de l'individu.[46]»

Pour celui qui en est victime, le complexe de Jonas entraîne de la culpabilité. Il s'agit ici non pas de la culpabilité au sens courant du terme, qui se fait sentir lorsque le sujet a enfreint une norme morale ou religieuse, mais d'une culpabilité plus existentielle. Il y a une forme de culpabilité, en effet, qui apparaît lorsque l'individu ne vit pas en fonction de ses appels intérieurs. Maslow écrit: «La vraie culpabilité découle du fait que tu ne sois pas fidèle à toi-même, à ton propre destin, à ta propre nature intrinsèque.[47]» Et comme dans les autres formes de culpabilité, celui qui se sent coupable ne s'aime pas, il se sent coupé de lui-même et replié sur lui-même en même temps.

On trouve au début de l'évangile de Luc une belle illustration de cette culpabilité consécutive au complexe de Jonas. Confronté à la perspective d'une grossesse imprévue et dérangeante, Zacharie se rebiffe, d'autant plus qu'il pressent que cet enfant ne sera pas comme les autres. Il est cependant impuissant à changer la situation et sa résistance, ne pouvant s'exprimer par le retrait ou la fuite, se manifestera par le mutisme: il n'y aura pas moyen de le faire parler sur cette expérience (Lc 1).

Zacharie est pour le moins ambivalent face à la perspective d'avoir un enfant qui fera parler de lui. Il réagit en résistant, disant à l'ange qui lui annonce la

---

46. Maslow, *Toward...*, p. 204.
47. Maslow, *Toward...*, p. 121.

nouvelle: explique-toi un peu; ma femme a eu sa méno-
pause, et je suis moi-même assez vieux. Cette demande
d'explication équivaut à un refus de croire, c'est-à-dire à
un refus de faire confiance et de s'engager dans la nouveauté qui est présentée. C'est pourquoi le texte présente
le mutisme de Zacharie comme la conséquence directe
de sa résistance, de son refus d'accueillir la nouveauté
annoncée.

Derrière une présentation «merveilleuse» (annonciation par un ange, naissance quasi-miraculeuse, parallèle
avec la grossesse de Marie, etc.), c'est toute une dynamique affective qui se trouve évoquée ici. Zacharie et
son épouse Élizabeth sont des «gens bien» (le texte dit:
«irréprochables»), ils sont respectés dans leur milieu et
ne veulent pas d'ennuis. Or, le pire qui peut arriver à des
gens respectables, c'est de faire parler d'eux, et c'est
justement la conséquence que Zacharie et Élizabeth redoutent de cette grossesse malencontreuse. Tant qu'ils
le peuvent, c'est-à-dire durant les cinq premiers mois, ils
essaient de cacher la chose. Après avoir tant fait parler
d'eux parce qu'ils étaient stériles, ils courent maintenant
le risque de faire parler d'eux à cause de cette grossesse
«sur le tard»!

Le parallèle entre l'annonciation à Zacharie et l'annonciation à Marie est très clair. Dans les deux cas un
«ange» et l'annonce d'une grossesse dans des conditions
problématiques, d'où la résistance spontanée de Zacharie
et de Marie. La réponse de Marie à l'«ange» correspond
exactement, en effet, à celle de Zacharie: Explique-toi;
tu me parles de grossesse et je n'ai pas de sexualité active. Devant ces faits, comment s'expliquer que Zacharie
ait été puni par l'«ange», et que Marie ne l'ait pas été?

La réponse est très claire: Marie échappe au complexe de Jonas alors que Zacharie y succombe. Marie
surmonte sa première résistance spontanée et s'abandonne à la nouveauté: d'accord, «que tout se passe pour
moi comme tu l'as dit», je consens à m'engager avec
confiance dans cette nouvelle aventure face à laquelle je
me retrouve. Et alors que Marie s'abandonne, Zacharie
résiste. Pendant neuf mois, il se raidit, ronge son frein en
silence. Ce n'est qu'au bout de neuf mois que ses résis-

tances se relâchent et qu'il finit par accepter ce qui lui a
été annoncé. L'«ange» lui avait dit: «Tu lui donneras
le nom de Jean.» Neuf mois plus tard, Zacharie répond:
d'accord, «Son nom est Jean», ce qui est l'équivalent
du *fiat* de Marie: «Que tout se passe comme tu l'as dit»...

Contraints à la profondeur

Lorsque les gens résistent à la nouveauté, ils se
trouvent fréquemment contraints par la vie à se resituer
clairement face à leur résistance. Le père d'un de mes
amis ne voulait rien entendre à propos d'un projet qui
était très important pour son fils. Cet homme fut victime
d'un accident qui eut pour effet de l'immobiliser pendant
quelques semaines. Ce temps providentiel était tout ce
dont le père avait besoin pour se resituer face à son fils,
pour accepter que les voies du fils ne soient pas les voies
du père. Pareillement, Zacharie avait été amené à réfléchir dans son mutisme, à accepter que son fils ait un
nom nouveau qui n'avait jamais été porté dans la famille
(Lc 1, 61), c'est-à-dire qu'il ait son existence propre,
hors des sentiers battus de la famille.

Le Livre de Jonas, pour sa part, illustre d'une façon
savoureuse ce genre d'«accident» qui contraint à la
rentrée en soi pour y prendre contact avec ses résistances. Face à la perspective d'une nouveauté menaçante (aller prêcher dans une ville païenne), Jonas décide
de fuir «hors de la présence du Seigneur» (Jon 1, 10). Le
navire qui le transporte loin de Ninive est pris dans une
tempête et Jonas est jeté à la mer pour apaiser celle-ci.
Englouti par un grand poisson, il se trouve alors «contraint à la profondeur» pendant trois jours et trois nuits.

C'est alors pour Jonas, confronté à ses résistances
et à ses peurs, un temps de confusion et d'angoisse.
«Dans l'angoisse qui m'étreint, j'implore le Seigneur: Tu
m'as jeté dans le gouffre au cœur des océans où le courant m'encercle; toutes tes vagues et tes larmes déferlent
sur moi...» (Jon 2, 3-4). Lorsque ses résistances se relâchent, Jonas se détend et se sent prêt à s'engager dans
cette nouveauté qui lui faisait peur: «Je veux t'offrir des
sacrifices et accomplir les vœux que je fais.» Puisque

Jonas est détendu, il est maintenant prêt à l'action. «Alors le Seigneur commanda au poisson et aussitôt le poisson vomit Jonas sur la terre ferme.» Et le récit ajoute avec humour: «Jonas se leva et partit, mais cette fois pour Ninive...»! (Jon 2, 10-3, 3).

Un renversement de perspective

L'être humain est porté à se sentir en sécurité lorsqu'il sent qu'il possède le contrôle sur son existence. Or, c'est la tête qui est le lieu du contrôle, c'est le cerveau qui peut connaître, prévoir, analyser et décider. L'homme est donc porté à penser qu'en s'installant à un niveau de fonctionnement cérébral où c'est le volontaire qui domine, il connaîtra la sécurité, la liberté et la paix. Et, lorsque la nouveauté survient tout à coup dans cette citadelle surprotégée, c'est bien souvent la panique. Les systèmes de détection sonnent l'alerte, et on repousse l'envahisseur.

Certains psychologues nous avertissent toutefois que c'est la situation inverse qui est la bonne. Lowen écrit: «La volonté est un mécanisme d'urgence. Elle est activée lorsque, pour faire face à une situation de crise, un effort spécial (more than natural) est requis. Dans une situation d'urgence, un individu n'agit pas spontanément; chaque action est prévue et calculée dans le but d'enlever le danger.[48]» Mais cette situation où c'est la volonté qui impose ses choix à l'organisme, est une situation d'exception et non pas une situation normale. Normalement, l'organisme est régulé par ses rythmes et ses inspirations intérieurs, et les comportements découlent spontanément de ces rythmes vitaux qui font la synthèse de toutes les dimensions de l'organisme. Plutôt qu'une sentinelle hypersensible qui doit tout contrôler, le moi conscient devient ainsi un témoin bienveillant et un partenaire fraternel des inspirations intérieures de l'organisme.

---

48. A. Lowen, *Pleasure, A Creative Approach to Life*, Penguin Books, (© 1970), pp. 72 et 183; voir aussi *The Betrayal of the Body*, New York, Macmillan, 1976, (© 1967), p. 42.

Fonctionnement cérébral et fonctionnement « religieux »

Ces considérations peuvent peut-être sembler académiques, mais il n'en est rien, car elles nous introduisent dans le mystère de la religion. On peut concevoir en effet le cœur de l'expérience religieuse comme le fait de prendre au sérieux des intuitions ou des pressentiments dont le sens ou le comment nous échappe. C'est l'expérience d'Abraham qui part sans savoir où il va, de Moïse qui guide le peuple sans savoir par où passer, de Marie qui accepte un destin insolite sur la base d'indices fragiles, de Jésus qui dit: non pas ce que je veux (en surface) mais ce que tu veux (en profondeur), de Paul qui, une fois tombé par terre, s'en va passer de longues années en Arabie parce qu'il sent que son évolution intérieure passe par cet itinéraire.

L'expérience de toutes ces grandes figures religieuses se ressemble sur un point: la prise au sérieux de leurs intuitions intérieures, si fragiles, si irrationnelles et si menaçantes qu'elles puissent sembler de prime abord. Jung voit dans ce phénomène l'essence même du mystère de la religion. «La religion, en tant qu'observation attentive et prise au sérieux de certains facteurs invisibles et incontrôlables, est une attitude instinctive propre à l'homme et ses manifestations peuvent être observées à travers toute l'histoire humaine.[49]»

La religion apparaît ainsi comme l'acceptation de la profondeur de l'organisme, le respect pour ce qui émerge du fond de l'être, ce qui implique l'abandon par le moi de sa prétention à tout comprendre du premier coup et à tout contrôler. À l'opposé de la personne qui veut tout contrôler, Jung voit la personne religieuse comme celle qui s'est «habituée à l'idée de ne pas être le seul maître dans sa propre maison. Elle croit que Dieu, et non elle-même, a la décision finale. Mais combien d'entre nous oseraient laisser la volonté de Dieu se faire...?[50]»

Or, le croyant se voit amené à la découverte suivante: cette «volonté de Dieu», non seulement n'est-elle

---

49. Jung, *The Undiscovered...*, p. 36.
50. Jung, *The Undiscovered...*, p. 99.

jamais comprise sur le coup, mais elle n'est jamais con-
nue comme telle. Elle demeure immergée dans le fond de
son être, échappant à ses prises et ne se laissant connaître que ponctuellement, au fil de son cheminement et
au hasard des événements qui tissent son itinéraire. C'est
pourquoi Jung ne craint pas d'écrire au même endroit:
«La personne religieuse, autant qu'on peut en juger, se
maintient directement sous l'influence de la réaction de
l'inconscient. Elle appelle d'habitude cette démarche
l'opération de la conscience.[51] »

Le Dieu inconscient

«Résister aux appels de Dieu» se traduit en termes
psychologiques par «réprimer les intuitions, les pressentiments et les appels qui montent du fond de soi». C'est
ce qui amène certains psychologues croyants à affirmer
que l'homme réprime Dieu, au même sens où Freud affirme que l'homme réprime sa sexualité. Le psychanalyste Victor Frankl écrit dans ce sens: «Lorsque l'on
réalise la qualité intime inhérente à la religion authentique, il n'est plus surprenant de constater que la répression de la religion puisse se produire. (...) Il n'y a pas
seulement une *libido* réprimée et inconsciente, mais il y
a aussi une *religio* réprimée et inconsciente.[52]»
Le volume d'où est tirée cette citation porte un titre
significatif: *The Unconscious God.* Freud ne voyait dans
l'inconscient qu'une charge aveugle qui prenait surtout
la forme de l'énergie sexuelle et qu'il fallait à tout prix
maîtriser et canaliser. À la différence de celui-ci, des
psychanalystes comme Frankl et Jung y voient une énergie non plus *sexuelle,* mais *spirituelle.*
Cette énergie spirituelle possède les mêmes caractéristiques que Freud attribuait à l'instinct sexuel. En
bref, elle demeure pour l'essentiel inconsciente, elle peut
être active si le sujet n'en est pas conscient, et elle peut

---

51. Jung, *The Undiscovered...*, p. 99.
52. V. Frankl, *The Unconscious God*, New York, Simon and Schus-
    ter, 1975 (© 1948), p. 48.

être réprimée lorsqu'elle tend à émerger à la conscience.

Cette façon de voir entraîne des conséquences importantes. Au-delà de la sexualité et de l'agressivité qui faisaient si peur à Freud, plus profondément encore que ces pulsions non conscientes, le véritable instinct, le véritable inconscient apparaît à Frankl comme spirituel, c'est-à-dire relié à Dieu, «conducteur» de la sagesse de Dieu. C'est pourquoi la fermeture de l'homme par rapport à son affectivité et à son instinct est si appauvrissante pour lui. Maslow écrit dans ce sens: «En se mettant à l'abri de son enfer intérieur, il se coupe aussi de son paradis intérieur.[53]»

Pour Frankl, cette situation vient modifier l'orientation même de la psychothérapie. Celle-ci ne peut plus consister à arracher des morceaux de la personnalité à l'inconscient pour les livrer au contrôle du conscient, c'est-à-dire de la tête. La thérapie cherchera au contraire à rétablir l'unité de la personnalité jusqu'ici coupée entre la tête d'une part et l'instinct de l'autre. En rétablissant la spontanéité de l'organisme, le fonctionnement de la personne deviendra non pas plus rationnel, mais plus instinctif encore!

Ce qui est vrai pour la thérapie apparaîtra au croyant comme valable aussi pour la vie chrétienne et la vie tout court. «Si vous êtes conduits par l'Esprit, vous n'êtes plus soumis à la loi.» (Ga 5, 18). On pourrait comprendre: si vous vous laissez conduire par ce qui émerge du fond de votre être, vous n'êtes plus soumis ni à la loi des institutions, ni à la loi des conformismes et *ni à la tyrannie de votre propre moi non plus*!

La libération du moi

Il arrive que des gens de bonne foi se disent mal à l'aise devant une telle approche «centrée sur le moi». Cette psychologie du moi, disent-ils, ne risque-t-elle pas de refermer les gens sur eux-mêmes au lieu de les ouvrir à l'altérité, à la rencontre d'autrui, à la réalité sociale?

---

53. Maslow, *Toward...*, p. 142.

La réponse à cette appréhension réside dans le fait que c'est justement lorsque le moi n'est pas ouvert *à sa propre réalité* qu'il devient fermé à la réalité ambiante. Les individus les moins capables de se laisser remettre en question par leur entourage sont justement ceux qui ont le plus de mal à entrer en contact avec eux-mêmes, qui sont les plus éloignés de leurs propres émotions. Pour Paul aussi, d'ailleurs, c'est lorsque l'homme se coupe de l'Esprit qui l'habite en profondeur qu'il devient le plus centré sur son intérêt égoïste, le plus fermé à autrui, le plus porté à céder à tous ses caprices. Au contraire, ceux qui se laissent vivre docilement sous la spontanéité de l'Esprit apparaissent les plus capables à la fois de bienveillance, de maîtrise d'eux-mêmes et de joie (Ga 5, 19-25).

Le moi est libéré et à son avantage lorsqu'il est en contact harmonieux avec le fond de lui-même; il est défensif, égoïste et insensible lorsqu'il est encombré par des émotions non reconnues et ainsi coupé de la source de son être.

La transcendance maintenue

Certains croyants pourraient demander : qu'advient-il de la transcendance de Dieu dans une telle approche ? Dieu ne se trouve-t-il pas réduit à l'immanence, à n'être qu'une dimension de la personnalité humaine, fût-ce la plus profonde et la plus noble ?

Il se peut que Dieu soit ainsi conçu par certains, mais cela ne découle pas du tout de l'approche qui a été présentée plus haut. Affirmer la présence de Dieu quelque part, ce n'est pas nier sa présence ailleurs. La dimension spatiale apparaît bien inadéquate ici, et il n'est heureusement pas nécessaire pour le croyant de localiser Dieu ! Celui-ci peut être perçu *à la fois* comme une présence intérieure et comme un être transcendant infiniment la personne humaine.

L'expérience spirituelle qui est exprimée dans le Psaume 139 apparaît en ce sens comme une bonne illustration de l'approche qui a été présentée jusqu'ici. Le psalmiste se sent «connu» d'une «mystérieuse connaissance qui le dépasse». Il dit: avant même que je sois devenu conscient de mes projets, alors que projets et émotions sont encore inconscients, déjà ils sont connus de Dieu («de loin tu discernes mes projets; ...un mot n'est pas encore sur ma langue, et déjà, Seigneur, tu le connais»).

Certaines personnes se sentent insécures d'être habitées par des émotions inconscientes, de ne pas connaître et contrôler les projets qu'elles portent, de ne pas savoir à quoi s'en tenir avec ce qui est en train de se passer en elles. Elles en viennent souvent à se dévaloriser elles-mêmes à cause de ces conflits troublants et confus qui les habitent. Le psalmiste, quant à lui, y trouve au contraire matière à émerveillement: la complexité et la simplicité simultanées de la personne humaine est impressionnante («je suis une vraie merveille, tes œuvres sont prodigieuses: oui, je le reconnais bien»).

Le croyant qui a rédigé ce psaume n'apparaît pas comme une personne superficielle qui simplifie tout pour mieux échapper à ses propres questions. On découvre au contraire une personne affrontée à son mystère, et qui avoue avoir du mal à pénétrer l'opacité de son propre être: «Dieu, que tes projets sont difficiles pour moi, que leur somme est élevée!»

Cependant, cette opacité n'empêche pas le psalmiste de se sentir en communion constante avec ce Dieu par qui il se sent habité en profondeur, et ce, même s'il n'en est pas toujours immédiatement conscient: «Je me réveille, et me voici encore avec toi.»

Enfin, le psaume s'achève sur l'expression d'une grande réceptivité: Dieu, j'accepte d'être nu devant toi («connais mon cœur»), aide-moi à discerner ce qui est bon pour moi («vois donc si je prends le chemin périlleux»), et continue à m'inspirer ce que je dois faire («conduis-moi sur le chemin d'éternité»).

Voilà bien quelqu'un qui n'a pas besoin de psychothérapie! Quelqu'un qui ne réprime ni ses émotions, ni sa conscience de la profondeur vertigineuse de son être. Voilà un croyant à la fois lucide face à la complexité de la vie et profondément confiant face à elle!

11

LES HÉSITATIONS DE FREUD
FACE À LA PERSONNE HUMAINE

Freud a beaucoup réfléchi et beaucoup écrit sur la dynamique interne de la personne humaine. C'est à bon droit que ses observations quasi géniales sont maintenant intégrées au fonds commun de la psychologie occidentale.

À côté de ces intuitions peu communes, il y a dans la pensée de Freud des limites qu'il apparaît important d'identifier. Freud n'a pas dit le dernier mot sur la personne humaine, et ce qu'il en a dit mérite parfois un examen critique. Dans les paragraphes qui suivent, je veux examiner de plus près certains phénomènes qui m'apparaissent révélateurs dans la façon dont Freud a élaboré sa réflexion.

Dans cette exploration, la psychanalyse elle-même sera d'un grand secours. En effet, tout se passe comme si Freud lui-même avait vécu une forte résistance dans sa propre exploration de la question. S'il y a un domaine où le sujet a de la difficulté à faire abstraction de son propre fonctionnement, c'est bien l'étude du fonctionnement de la personne humaine! Comment Freud aurait-il pu s'enfoncer dans l'exploration des profondeurs de la personne humaine sans rencontrer sa propre réalité humaine? Et si Freud s'est effectivement trouvé confronté à sa propre réalité, comment sa théorie aurait-elle pu ne pas se trouver influencée par ses réactions plus ou moins conscientes à ce qu'il touchait de lui-même dans son exploration?

Il y a effectivement dans les écrits de Freud des flottements qui apparaissent directement reliés à ses résistances personnelles. On sait par ailleurs les difficultés insurmontables que Freud éprouvait à se laisser aller, à se détendre et à faire confiance, le besoin impérieux qu'il éprouvait continuellement de se contrôler et de tout contrôler autour de lui.[54]

J'émets l'hypothèse que cette résistance (à faire confiance à son propre organisme) s'est fréquemment trouvée réactivée lorsque Freud écrivait à un niveau théorique sur le fonctionnement de la personne humaine. Voici quelques faits qui illustrent cette hypothèse.

Le caractère conflictuel du modèle freudien

L'approche freudienne de la personne humaine est essentiellement conflictuelle. Pour Freud, la personne humaine est un être structurellement divisé, la division et le confllit chronique apparaissant comme l'essence de la condition humaine fondamentale. Le «ça» veut le plaisir et le réclame avec insistance; le «surmoi» refuse au nom de la morale et son refus se fait catégorique; «ça» et «surmoi» tirent chacun de leur côté sur le «moi», tentant tous les deux de se l'annexer dans la lutte contre leur adversaire.

La personne humaine apparaît ainsi comme le lieu permanent d'un affrontement interne insoluble. Qui dit personne humaine dit tensions internes et conflits chroniques. Or, la vie courante nous montre que toute différence n'entraîne pas nécessairement conflit. Au plan physiologique, l'organisme humain apparaît comme un système extrêmement différencié: sous-systèmes respiratoire, circulatoire, musculaire, digestif... Entre ces sous-systèmes, aucun conflit chronique, mais interaction constante, complémentarité, harmonie...

Dans le système freudien, au contraire, le conflit est présenté comme le mode inévitable d'interaction entre les sous-systèmes. Le vocabulaire et les images utilisés par Freud ne laissent aucun doute à ce sujet, comme on le verra plus loin.

---

54. J.-L. Hétu, *Quelle Foi? Une rencontre entre l'évangile et la psychologie*, Montréal, Leméac, 1978; le chapitre intitulé «Freud, Jésus et la foi», pp. 257-271.

Le cessez-le-feu illusoire

Au niveau des principes, Freud a dit croire à la possibilité théorique d'un cessez-le-feu: «Il n'existe entre le moi et le ça pas d'hostilité naturelle, ils font partie d'un même tout et, dans l'état de santé, il n'y a pas lieu pratiquement de les distinguer.[55]»

Cette profession de foi de Freud apparaît fort suspecte, car elle se trouve abondamment contredite par le reste de son discours. J'entends Freud dire: j'y crois en théorie, mais en pratique je n'y crois pas.

D'une part, il affirme: «Le moi est une organisation, il repose sur le libre commerce et sur la réciprocité d'influence entre ses différents éléments.[56]» Je traduis: nous sommes en temps de paix, ouvrons les frontières et collaborons. D'autre part, il écrit: il faut «renforcer le moi, le rendre plus indépendant vis-à-vis du surmoi (...) transformer son organisation afin qu'il puisse s'approprier de nouveaux fragments du ça[57]». Je traduis: il faut armer l'un des ex-belligérants, consolider sa supériorité stratégique sur ses anciens ennemis... Nous sommes en paix, mais je n'y crois pas beaucoup et il m'apparaît plus sage de préparer la guerre!

L'ennemi démasqué

Freud a beau parler de «libre commerce» et de «réciprocité d'influence», ses sentiments l'amènent plutôt à sentir qu'il est installé sur une poudrière. L'un des voisins est un ennemi. Et il serait naïf de ne pas s'en méfier. Qui est ce voisin menaçant? Le «ça», le monde des émotions et des instincts, tel est le véritable ennemi qu'il faut mater à tout prix.

---

55. S. Freud, *Ma vie et la psychanalyse*, Paris, Gallimard, 1949, p. 152. (Les références qui suivent sont utilisées par Albert Plé, dans son volume *Freud et la morale*, Paris, Cerf, 1969.)
56. S. Freud, *Inhibition, Symptôme et Angoisse*, Paris, P.U.F., 1965 (© 1926), p. 16.
57. S. Freud, *Nouvelles Conférences sur la Psychanalyse*, Paris, Gallimard, 1936 (© 1933), p. 111.

Pour Freud, le «ça» est cette «partie obscure, impénétrable de notre personnalité (...), chaos, marmite
pleine d'émotions bouillantes[58]» tendant aveuglément à
leur satisfaction anarchique. «Passions déchaînées»,
«instinct resté sauvage», «désirs pulsionnels grossiers et
primaires», «penchants égoïstes»... Il est difficile de
croire à la bonne foi d'un pays qui affirme vouloir vivre
en paix lorsqu'il utilise de telles épithètes pour décrire
son voisin!

Parmi les trois instances supposément en libre interaction, Freud s'est continuellement senti amené à
prendre parti *contre* la dimension émotive et instinctive
de la personnalité et *pour* la partie consciente et capable
de contrôle.

Cela donne à réfléchir. On pourrait réagir en disant:
Freud a été influencé par sa pratique clinique, il était
quotidiennement confronté aux méfaits du déchaînement
des émotions pour le sujet lui-même, ainsi que pour son
environnement. Cette réaction serait pertinente si Freud
avait travaillé avec des grands hystériques ou avec des
personnalités perturbées qui se livraient fréquemment à
des échappées violentes. Or, *il n'en est rien.* Le fait est
que Freud a plutôt travaillé avec des grands obsessifs,
c'est-à-dire avec des personnalités incapables de se laisser aller à leurs émotions. Si Freud avait été si fortement
marqué par sa pratique clinique, cette influence l'aurait
amené à prendre parti *contre* les abus du contrôle du
moi sur le monde des émotions. Or, *c'est le contraire qui
s'est produit*: Freud prend continuellement partie *pour* le
contrôle des émotions...

L'explication de ce phénomène déroutant est à chercher, selon moi, dans la dynamique psychologique de
Freud lui-même, dans sa propre méfiance face à ses
émotions, dans sa propre difficulté à desserrer les contrôles rigides qu'il imposait à sa propre affectivité.

---

58. Freud, *Nouvelles*..., pp. 103-104.

Le moi humilié

Confronté à son expérience clinique. Freud dut bien admettre que les efforts du moi pour assurer son contrôle sur le monde des émotions n'étaient pas très efficaces. Malgré tous ces efforts, c'est en sens inverse que la véritable influence s'exerce le plus souvent, et ce, la plupart du temps inconsciemment. L'affectivité influence le moi conscient bien plus qu'elle n'est influencée par lui.

Pour Freud, cette découverte est «humiliante». Le moi prétend assurer la manœuvre du gouvernail, contrôler ses émotions et instincts, mais «cette dernière fonction est plus formelle qu'effective, le moi jouant à l'égard de l'action le rôle d'un monarque constitutionnel dont la sanction est requise pour qu'une loi puisse entrer en vigueur, mais qui hésite et réfléchit beaucoup avant d'opposer son veto au parlement[59]».

On doit pourtant se demander : qu'y a-t-il d'humiliant dans ce phénomène ? Pourquoi un homme aurait-il honte de ce qui émerge de ses profondeurs ? Pourquoi quelqu'un se sentirait-il diminué au contact de sa réalité intime ? La réponse nous est suggérée par Freud lui-même : c'est la prétention préalable qui prépare l'humiliation ultérieure. L'être humain prétend ériger une partie de lui-même au-dessus des autres parties, et s'identifie à cette partie devenue maîtresse, supérieure, plus noble. Ce faisant, il se prépare des déceptions douloureuses pour sa vanité, lorsque la réalité refusera de se plier à ses illusions.

Pourquoi le moi voudrait-il s'ériger en «monarque», quel avantage quelqu'un retire-t-il à s'imaginer qu'il domine son affectivité comme le roi se fait croire qu'il domine le parlement ?

On voit l'enchaînement. Au départ, il y a refus de l'affectivité, méfiance par rapport au monde des émotions. Cette méfiance amène à se rabattre sur le moi, à s'identifier à sa tête, à amplifier artificiellement l'image qu'on se fait de son pouvoir sur son organisme. S'étant

---

59. S. Freud, «Le Moi et le Ça», dans *Essais de Psychologie*, Paris, Payot, 1951 (© 1923), pp. 213-14.

dissocié de son affectivité et identifié à des concepts comme pouvoir, contrôle, maîtrise, on se voit entraîné dans une dynamique de compétition avec soi-même.

Il s'agit alors de «rejeter les pulsions instinctuelles», de «dominer les passions» sous peine d'être dominé par elles. C'est alors que l'homme se réfugie dans le cérébral, dans la logique, qu'il apprend à rationaliser, qu'il essaie de tout expliquer, de tout prévoir et de tout contrôler avec sa tête. Freud dira ainsi: «Nous n'avons pas d'autre moyen de maîtriser nos instincts que notre intelligence.[60]»

Et de fait, celui qui veut escamoter la carte du cœur n'a pas le choix: il lui faut tout miser sur la carte de la tête.

Les coûts du contrôle

Mais celui qui s'engage dans ce jeu se prépare des lendemains pénibles, faits de confusions, de souffrance et de découragement. C'est probablement ce type de mésaventure qui se profile sous une confession célèbre: «Je ne comprends rien à ce que je fais (...): le bien que je veux, je ne le fais pas, et le mal que je ne veux pas, je le fais». (Rm 7, 15-24).

Lorsqu'on s'est coupé d'une partie de soi parce qu'on avait peur de cette partie, on devient incapable de se reconnaître dans ce qui émerge de cette partie. Il faut alors faire intervenir des explications extérieures pour se comprendre: ce n'est pas moi, c'est le «diable», ou ce n'est pas moi, c'est le «péché» qui est en moi.

On pourrait objecter que Paul fait ici de la théologie théorique, et qu'il ne fait pas directement référence à son expérience personnelle. La question est ouverte. J'ai par ailleurs fréquemment rencontré des gens qui manifestaient clairement la dynamique psychologique que je décris ici en utilisant le même vocabulaire religieux.

---

60. S. Freud, *L'avenir d'une illusion*, Paris, Denoël et Steele, 1932, p. 129.

Une telle expérience, on le voit, devient source de confusion («je ne comprends pas»), d'aliénation («ce n'est pas moi qui agis») et à la limite de désespoir («qui me délivrera de ce corps?»).

Freud, pour sa part, apparaît fort conscient des coûts psychologiques du contrôle de l'affectivité par la tête. Il écrira clairement: «Même chez l'homme prétendu normal, la domination du «ça» par le «moi» ne peut dépasser certaines limites. Exiger davantage, c'est alors provoquer chez l'individu une révolte, ou une névrose, ou le rendre malheureux.[61]»

C'est pourquoi Freud se sent fortement tenté de dépasser ce modèle de conflit-contrôle et de le remplacer par un modèle de complémentarité et d'intégration harmonieuses. Le modèle du conflit-contrôle deviendrait alors un instrument conceptuel pour expliquer des cas pathologiques. Pour illustrer un processus normal de croissance humaine, le modèle conflictuel devrait céder la place au modèle d'intégration organique. L'affirmation citée plus haut pourrait très bien décrire ce second modèle entrevu par Freud: «Il n'existe entre le «moi» et le «ça» pas d'hostilité naturelle, ils font partie d'un même tout et, dans l'état de santé, il n'y a pratiquement pas lieu de les distinguer.»

L'«instinct» de destruction

Le modèle freudien de la personnalité, avons-nous dit, est un modèle conflictuel. Ce qui était en cause jusqu'ici, c'était le conflit *interne* entre les instances du «moi» («surmoi» *versus* «ça», le «moi» agissant comme l'agent permanent de cette négociation difficile et sans cesse à reprendre). Mais pour Freud, la personne est aussi foncièrement en conflit avec son environnement. «La haine est antérieure à l'amour. Elle découle de la répudiation narcissique et primordiale par le moi du monde extérieur. (...) Le moi hait, abhorre et tente de

---

61. S. Freud, «Analyse terminée et analyse interminable», dans *Revue Française de Psychanalyse* (1938-1939), n° 10-11, p. 16.

détruire tous les objets qui provoquent en lui un sentiment désagréable.[62] »

Huit ans plus tard, cette réaction «instinctive» de
haine sera intégrée à la théorie des deux instincts que
Freud présentera comme fondamentale dans l'être humain, l'un étant l'instinct sexuel (ou *Eros*) et l'autre l'instinct de destruction, de mort (ou *Thanatos*).[63]

Cependant, une décennie additionnelle de réflexion
et d'observation amènera Freud à contredire cette approche. Avec hésitation et presque en s'excusant, il parlera de «liens émotionnels entre les hommes», lesquels
liens apparaissant tout à fait dénués «d'orientation
sexuelle»: «La psychanalyse n'a pas raison d'avoir honte
de parler d'amour à ce propos, puisque la religion elle-
même utilise les mêmes mots: 'Tu aimeras ton prochain
comme toi-même'...[64] »

En stricte rigueur de termes, ces sentiments d'amour
fraternel détaché de toute coloration sexuelle apparaissent carrément inconciliables avec la théorie freudienne
identifiant l'amour avec l'instinct sexuel ou encore avec
l'instinct de conservation de la vie. Parler d'un amour fraternel émergeant spontanément de la personne, c'était
faire éclater le vieux modèle, mais Freud n'avoua jamais
cette contradiction.

La raison de la résistance

Selon ces textes, il y aurait eu lieu de réviser de fond
en comble à la fois le modèle conflictuel de la personnalité, et la théorie de l'«instinct» de destruction. Ce
faisant, Freud aurait fait dans sa théorie de la personnalité une place bien légitime à l'harmonie et la bienveillance. Et pourtant, il s'est révélé incapable d'accom-

---

62. S. Freud, *Instincts and Their Vicissitudes*, Standard Edition of
the Complete Works of Sigmund Freud, London, Hogarth Press,
Vol. 14, cité par E. Fromm, *The Anatomy of Human Destructi-
veness*, New York, Holt, Rinehart and Winston, 1973, p. 441.
63. S. Freud, *The Ego and the Id*, New York, Norton, 1962 (publié
pour la première fois en 1923), pp. 30-31 et *passim*.
64. S. Freud, *Why War?* Standard Edition, Vol. 22, cité par Fromm,
The Anatomy..., p. 447.

plir cette révision, et il n'a procédé jusqu'à la fin que par allusions fugaces et isolées. On peut se demander pourquoi.

Comme je l'ai laissé entendre plus haut, ce sont des raisons non pas théoriques mais strictement personnelles qui ont joué ici. Freud était trop structuré dans ses défenses contre son affectivité, il avait accumulé trop de méfiance face à ses émotions latentes, son besoin de se contrôler était devenu trop fort. En dépit de ses intuitions qui allaient clairement dans ce sens, il a résisté jusqu'à la fin à la perspective d'abandonner un modèle de contrôle qui lui allait si bien, au profit d'un modèle de détente et d'ouverture aux émotions qui aurait lézardé ses propres défenses d'une façon intolérable.

Dans cette ambivalence entre l'ouverture à la spontanéité et le contrôle de cette spontanéité, c'est le contrôle qui garda le dessus jusqu'à la fin. Et pourtant, cette ambivalence était forte et Freud l'admettait bien. Dans une lettre à un ami, il écrit : « Elle est remarquable, cette tendance à quoi l'on cède si facilement d'isoler ses diverses personnalités.[65] » Une biographe parlera pour sa part du « conflit » dans la personnalité de Freud entre « d'un côté, un idéal scientifique de vérité et de rigueur qui s'était formé dès sa jeunesse, et d'autre part, un besoin de s'exprimer esthétiquement, de donner libre cour à son imagination que son milieu, sa formation, et *probablement de fortes interdictions intérieures* (les italiques sont de moi) l'avaient très tôt conduit à réprimer[66] ».

L'instinct spirituel intuitionné par Freud

Certains écrits montrent clairement non seulement que Freud avait très bien saisi la différence entre un fonctionnement rationnel et un fonctionnement instinctif, mais qu'il était même envieux de ce second type de fonctionnement. Voici comment il décrit ces deux types :

65. S. Freud, Lettre à Sandor Ferenczi, citée par M. Robert, *La révolution psychanalytique, la vie et l'œuvre de Sigmund Freud*, vol. 2, Paris, Petite Bibliothèque Payot, 1979 ([©] 1964), pp. 81-82.
66. M. Robert, *La révolution...*, vol. 2, p. 93.

«Notre démarche consiste en l'observation consciente des processus anormaux chez autrui, afin d'en pouvoir deviner et énoncer les lois.» Quant à l'artiste, il fonctionne de la façon inverse: «Le romancier s'y prend certes autrement; il concentre son attention sur l'inconscient de son âme à lui, prête l'oreille à toutes ses virtualités et, *au lieu de les refouler par la critique consciente,* (les italiques sont de moi), leur accorde l'expression artistique.»

Freud rejoint ainsi, en amont, les prophètes bibliques qui opposaient connaissance intérieure et enseignement par autrui (Jr 31, 33-34), et en aval, les psychologues comme Rogers et Maslow (voir, par exemple, page 19). Il écrit: «Le romancier apprend *par le dedans de lui-même* (les italiques sont de moi) ce que nous apprenons par les autres...[67]»

La morale du cœur *versus* le surmoi

Dans cette même veine, d'autres confidences de Freud témoignent en faveur de cet instinct spirituel, c'est-à-dire de cette énergie ou inspiration intérieure qui guide spontanément et mystérieusement le sujet vers ce qui lui convient. Dans une lettre à un ami, Freud avoue implicitement son incapacité à expliquer par sa théorie le fait qu'il soit non pas spontanément agressif et égoïste, comme sa théorie le voudrait, mais au contraire, spontanément bon et honnête. «Quand je me demande pourquoi je me suis toujours efforcé d'être honnête, plein d'égards pour les autres et bon si possible; pourquoi je n'y ai pas renoncé en constatant qu'une telle conquête ne vous attire que des désagréments et des coups (...), alors, il est vrai, je ne trouve aucune réponse.»

Il est remarquable de constater que Freud écarte lui-même la seule explication que sa théorie autoriserait, à savoir que son comportement moral ne serait pas spontané, mais qu'il découlerait de son «surmoi», c'est-à-

67. S. Freud, *Délires et Rêves dans la Gradiva de Jensen,* Paris, Gallimard, 1931, p. 205, cité par Robert, *La révolution...*, vol. 2, p. 115.

dire de son éducation. Il écrit en toutes lettres : « Je n'ai pas ressenti de stimulation éthique spéciale dans ma jeunesse, je n'éprouve même pas de satisfaction bien nette à me juger meilleur que les autres. »

Il reste à Freud à tirer lui-même la conclusion qui constitue la proposition de fond du présent volume, ce qu'il ne manque précisément pas de faire. « On pourrait donc citer précisément mon cas à l'appui de votre opinion qu'une telle aspiration à l'idéal forme une part essentielle de notre disposition innée. (...) Mais, comme je vous le disais, je ne sais rien là-dessus... [68] »

Ces réflexions apparaissent émouvantes par leur simplicité et leur honnêteté. Elles sont aussi cruelles, en ceci qu'elles amenaient Freud à se remettre à pied d'œuvre, à reviser de fond en comble sa conception de la personne humaine et de la morale. Mais ceci, il ne l'a pas fait. Tout comme Moïse son ancêtre, Freud n'a pu qu'entrevoir la terre promise d'une personnalité ouverte et non méfiante. Après avoir mené son peuple jusqu'à la frontière et après avoir pointé le doigt dans cette direction, il s'est arrêté pour s'éteindre, laissant aux autres la mission d'aller plus avant.

---

68. S. Freud, Lettre à James Putnam, citée par Robert, *La révolution...*, vol. 1, pp 95-96.

L'ÉTHIQUE POST-FREUDIENNE

> Seule la personne dont les racines atteignent jusqu'aux couches inconscientes de sa personnalité peut vivre d'une façon créatrice.[69]
>
> Lowen
>
> Si l'Esprit est notre vie, que l'Esprit nous fasse aussi agir.
>
> Galates 5, 25

Qu'y a-t-il de commun entre ces deux citations? *Réponse* : la conviction de leurs auteurs à l'effet que le « bon » comportement est celui que le sujet adopte lorsqu'il se sent en contact avec le fond de lui-même. Réfléchissant dans une perspective religieuse, Paul affirme que « l'Esprit Saint » habite ce fond de la personne, et il invite les chrétiens à agir sous la mouvance de cet « Esprit ». Réfléchissant dans une perspective psychologique, Lowen identifie ce fond aux « couches inconscientes de la personnalité », et il invite ses clients et ses lecteurs à agir en communion avec ces couches profondes.

La jonction entre ces deux approches apparaît d'autant plus claire que Lowen ira jusqu'à employer le terme d'« âme » pour pouvoir expliquer deux types de fonctionnement différents. Procédant non pas à partir d'une Révélation mais à partir de l'observation empirique, il ne peut définir l'âme que d'une façon opératoire, c'est-à-dire en termes de sentiments et de comportements. Il écrit ainsi : « On peut dire que la personne qui ne se sent

---

69. A. Lowen, *Pleasure, A Creative Approach to Life*, Penguin Books, 1975 (© 1970), p. 234.

pas comme faisant partie d'un ensemble plus grand, qui ne pressent pas que sa vie fait partie d'un processus naturel qui est plus grand qu'elle-même, on peut dire que cette personne-là n'a pas d'âme.» Au contraire, la personne «qui possède une âme peut franchir les barrières étroites du soi et goûter à la joie et à l'extase de se sentir une avec l'univers».

On se trouvera alors en présence de deux types de fonctionnement très différents. La personne «qui a une âme», c'est-à-dire qui est en contact à la fois avec le fond d'elle-même et avec ce qui la transcende, aura un fonctionnement détendu, créateur, fécond. Quant à la personne «qui n'a pas d'âme», elle se trouvera «immobilisée dans la prison de son esprit *(mind),* et ses plaisirs se limiteront aux satisfactions de son moi *(ego)*».

Cette distinction rejoint en droite ligne celle que Paul fait entre ceux qui «marchent sous l'impulsion de l'Esprit» et ceux qui vivent «selon la chair». Dans le premier cas, il y a fécondité («fruits»), «joie», «paix» (Lowen parle de créativité, de joie, de communion), et dans le second, il y a «jalousies, emportements, rivalités, dissensions, envie, beuveries, ripailles» (Ga 5, 20-21; Lowen parle de «plaisirs et de satisfactions égoïstes»). Dans des approches et sous des mots différents, ce sont les mêmes processus qui sont en cause.[70]

Il reste maintenant à expliquer le titre de ce chapitre. Celui-ci pourrait porter à discussion, car à proprement parler, il n'y a jamais eu d'éthique freudienne. La psychanalyse est une technique thérapeutique visant à ramener des personnes malades à la santé, leur permettant alors de choisir elles-mêmes leur orientation éthique.

Cependant, du fait même qu'il fait profession de promouvoir la santé, le thérapeute ne reste jamais neutre face à des comportements donnés. Appréciés selon le critère de la santé ou de l'épanouissement du sujet, les comportements se différencient selon les effets plus ou moins positifs et plus ou moins négatifs qu'ils peuvent entraîner chez le sujet, du moins au jugement du thérapeute.

---

70. Lowen, *Pleasure...*, p. 118.

Toute approche thérapeutique est donc déjà porteuse d'une éthique, c'est-à-dire d'une valorisation de
certains comportements et d'une dévalorisation de certains autres. Ceci pourrait expliquer les accrochages inévitables entre thérapeutes et moralistes, puisque les comportements valorisés ou dévalorisés ne sont pas toujours
les mêmes de part et d'autre.

Ainsi, un thérapeute peut estimer nuisible à la santé
du sujet (et donc, dans cette mesure, immoral), le fait
que celui-ci se soumette à une morale stricte, alors qu'un
moraliste pourrait s'objecter à la relativisation de la morale par le thérapeute, dans le même cas.

Mais au-delà de ces accrochages, certains auteurs
chrétiens ont réalisé que l'éthique traditionnelle pourrait
se trouver renouvelée et enrichie au contact de la théorie
freudienne. Leur cheminement était à peu près le suivant :
en tentant d'affaiblir le surmoi au profit du moi, il est
vrai que Freud se trouve à miner une certaine morale
traditionnelle. Mais en tentant de rendre le sujet conscient de sa soumission aveugle à des normes dépassées,
c'est davantage au moralisme qu'à la véritable morale
que Freud s'attaque.

Qui plus est, en s'employant à favoriser chez le sujet
l'émergence d'un moi fort, le thérapeute freudien ouvre
la voie à l'éthique. Un moi fort, en effet, est en mesure
d'être consciemment et librement moral, et par ailleurs, il
se trouve mieux équipé pour «ne pas céder aussi facilement (qu'avant) aux grandes crues de l'instinct[71] ».

Il est facile de voir l'attrait qu'une telle approche
peut exercer sur des esprits chrétiens, en raison précisément de son affinité avec l'approche éthique traditionnelle dans la pensée catholique. Les chapitres six et sept
de ce volume ont fait ressortir la parenté d'esprit entre
les auteurs chrétiens traditionnels et Freud sur le double
point de la méfiance face aux émotions et de la confiance exagérée accordée au contrôle de la raison.

Dans son livre *Freud et la morale,* Albert Plé s'engage nettement dans cette voie d'une reformulation de
l'éthique à partir du modèle freudien. Il écrit : «...nous

---

71. Freud, *Analyse...*, p. 13.

serions en droit de chercher si la 'morale du surmoi'»
(qui, selon Freud, ne constituerait qu'une phase dans le
développement de l'être humain) «ne serait pas elle-
même une phase qui préparerait une morale 'supérieure',
celle d'un moi pleinement développé.[72]»

Plus récemment, un théologien célèbre évoquait lui
aussi cette connivence entre la visée de la psychanalyse
et l'éthique chrétienne. Küng rappelle d'abord l'objectif
du contrôle, de la maîtrise visé par la thérapie freudienne: «D'après Freud, l'homme devrait devenir conscient de lui-même en apprenant à contrôler ses instincts,
à porter le fardeau de son histoire, et à maîtriser le problème de son sentiment de culpabilité.»

Puis le théologien souligne l'affinité entre cette visée
et le projet de la religion chrétienne. «Il y a une exigence
éthique qui se trouve impliquée dans le 'principe de réalité', laquelle exigence coïncide aussi avec les grandes
intentions humaines de la foi chrétienne.» Les croyants
auraient donc tout à gagner à se faire réceptifs lorsque
Freud leur demande de «voir l'homme aussi dans sa réalité psychologique comme une personne libre, mûre,
réaliste et maîtresse d'elle-même» (assured, dans la traduction anglaise du texte allemand).

Il n'en faut pas plus pour que le théologien conclue: «De cette façon, la foi chrétienne et la psychanalyse pourraient devenir partenaires dans la poursuite du
même objectif humain.[73]»

Les démarches de Plé, de Kung et d'autres auteurs
qui s'engagent dans cette voie semblent bien inspirées,
pertinentes et utiles. La psychologie du moi, qui s'est
trouvée considérablement enrichie par les disciples de
Freud, est de nature à projeter un éclairage fort précieux
sur le comportement humain. C'est ainsi par exemple
qu'un néo-freudien comme Erik Erikson présente une
théorie compréhensive de la croissance humaine qui est
loin d'avoir reçu l'attention qu'elle mérite de la part des
théologiens et des éthiciens.

---

72. A. Plé, *Freud et la morale*, Paris, Cerf, 1969, p. 73.
73. H. Küng, *Freud and the Problem of God*, New Haven, Yale Uni-
    versity Press, 1979, p. 101.

En même temps, il faut ajouter que cette approche de la psychologie du moi demeure affectée des mêmes ambiguïtés et des mêmes limites qui ont été relevées dans le chapitre précédent à propos du modèle conflit-contrôle dont cette psychologie s'inspire directement. Dans les paragraphes qui suivent, cette critique sera reprise brièvement, mais cette fois-ci à un plan plus directement théologique.

L'autonomie dépassée

En misant sur le renforcement du moi, les adeptes du modèle freudien sont amenés à valoriser énormément l'autonomie du sujet. Dans ce sens, leur vocabulaire est révélateur. Il sera beaucoup question alors de maîtrise, de contrôle, de projet, d'objectifs, d'initiatives, de compétence, d'habiletés...

La psychologie du moi, et plus encore la thérapie centrée sur le renforcement du moi, se sont développées en relation avec des sujets qui présentaient de sérieuses difficultés de socialisation, nommément avec les délinquants. Or, au-delà des facteurs socio-économiques, on s'est aperçu que la délinquance dite caractérielle était provoquée par des carences marquées au niveau des diverses fonctions du moi. Parce que son moi est faible, le futur délinquant se retrouve particulièrement vulnérable autant aux sollicitations de son environnement qu'à ses pulsions émotives. Dans les cas dits caractériels, c'est donc la faiblesse du moi qui entraîne la délinquance, et le traitement tout indiqué consistera alors dans des stratégies rééducatives visant le renforcement du moi.

Dans ces programmes de rééducation, le sujet apprendra progressivement à résister à ses impulsions, à se prémunir contre les sollicitations indues de son environnement, à se donner des objectifs personnels, à développer des habiletés et des compétences, à prendre des initiatives en relation avec ses projets...

Ce qui devient problématique, c'est la transposition directe d'une stratégie thérapeutique ou rééducative en modèle éthique global. En effet, la focalisation presque exclusive sur l'acquisition de l'autonomie s'avère difficilement capable d'intégrer la structure dialogale de l'expérience chrétienne.

L'expérience chrétienne, en effet, est traditionnellement comprise comme la découverte par le croyant d'une présence qui l'habite et le transcende tout à la fois. Cette présence aspire à être reconnue par lui, elle sollicite une réponse de sa part. Du coup, c'est son autonomie qui s'en trouve radicalement relativisée. Il n'est plus foncièrement un être de maîtrise, de projets unilatéraux, mais il se découvre un être de réponse, d'accueil et de dialogue en relation avec une dimension mystérieuse de lui-même.

Le cœur de l'expérience chrétienne fait éclater l'autonomie du sujet. Désormais, l'éthique devra être pensée non plus en termes de maîtrise et de contrôle, mais en termes d'ouverture et de dialogue. Dans ce contexte, le modèle freudien du conflit-contrôle ne pourra jamais correspondre qu'à une étape toute provisoire dans le cheminement de l'être humain.

La séduction par un plus fort

La personne qui ne veut pas voir sa vie bouleversée est spontanément portée à réprimer les exigences obscures qui montent du fond de son être. Or, observe Freud, plus le moi est fort, plus il a de chances de réussir cette opération-répression.

En inversant le scénario, on a la situation suivante: l'invitation instinctive, quand elle est forte, réussit à vaincre les résistances du moi et à ébranler sa vie, au détriment de sa tranquillité et de son contrôle.

Cette situation évoque directement l'expérience de Jérémie: «Seigneur, tu m'as séduit et je me suis laissé séduire, tu m'as vaincu, tu as été le plus fort.» Le mystère enfoui cherchait à émerger à la conscience de Jérémie, et celui-ci mobilisait toutes les forces de son moi pour le réprimer. Or Freud met en garde: «La domination du «ça» par le «moi» ne peut dépasser certaines limites. Exiger davantage, c'est alors provoquer chez l'individu une révolte, ou une névrose, ou le rendre malheureux.[74]»

Les confidences de Jérémie font directement écho malgré les siècles, à cette mise en garde; la résistance absorbe toute l'énergie et le sujet s'épuise. «Quand je dis: (...) je ne dirai plus la parole en son nom, alors elle devient au-dedans de moi comme un feu dévorant, prisonnier de mon corps; *je m'épuise à le contenir, mais je n'y arrive pas.*» (Jr 20, 7-9).

Notons en passant qu'avant de mobiliser «l'artillerie lourde» de la répression, Jérémie avait organisé sa résistance avec les armes plus légères de la rationalisation: «Seigneur Dieu, je ne saurais parler, je suis trop jeune.» (Jr 1, 6). Le prophète rapporte que «Dieu» se manifeste à lui «comme un feu (de racines!) dévorant», à partir du fond de son être, et que ce sont les résistances de son moi qui cherchent à étouffer ce feu en surface. Un modèle de conflit-contrôle qui cherche à renforcer le moi contre les messages venus du fond ne peut alors apparaître que problématique aux yeux de l'éthique chrétienne.

Le puritain et le libertin

En encourageant le sujet à se méfier de l'univers de ses émotions et à se fier à sa raison, Freud se trouvait à déplacer le centre de gravité vers le haut. Bien avant lui, la pensée grecque avait, elle aussi, opéré ce déplacement douteux. L'homme est un être éminemment rationnel et les passions ne peuvent que venir troubler l'ordre et la rationalité. Il faut donc se prémunir le plus possible contre leurs interférences, ainsi que le préconiseront par la suite les stoïciens romains.

Remarquons cependant que lorsque l'on a «réprimé, étouffé et rendu impuissant» l'instinct, on perd le réflexe de se mettre à l'écoute de son corps et de ses émotions. Un maître ne consulte pas ses esclaves avant de prendre une décision. Il s'ensuit qu'à force de ne pas se

---

74. S. Freud, «Malaise dans la civilisation», dans *Revue Française de Psychanalyse*, (1934), n° 4, p. 766.

faire écouter, le corps finit par ne plus parler. À force de ne pas être accueillies, les émotions finissent par ne plus circuler, le contrôle de la raison en venant à les étouffer avant même qu'elles n'aient émergé.

La personne réussit à se contrôler, à assujettir son corps et ses émotions, mais Paul rappelle à plusieurs reprises que ce «durcissement du cœur» n'augure rien de bon, qu'il est à l'opposé de toute croissance, puisque le sujet perd par le fait même la capacité d'opérer par lui-même les discernements vitaux pour son agir (voir le chapitre quatorze). La personne n'a plus alors d'autre choix que de recourir à la lettre de la loi. Or, «la lettre tue» (2 Co 3, 6). La tête est maîtresse du corps, mais elle règne sur un organisme mort...

Cette approche finit par couper l'être de lui-même, et Charles Davis fait remarquer qu'à la limite, cette approche a pour effet de mettre dans le même camp le puritain et le libertin. Il existe en effet une proche parenté d'attitude entre celui qui réduit le corps à un simple obstacle pour la vie morale et religieuse (le puritain), et celui qui voit dans le corps un simple instrument pour le plaisir (le libertin). «Dans les faits, observe Davis, les deux rejettent la corporéité *(bodiliness),* les deux ignorent ou nient la signification sacramentelle et la médiation mystique du corps.»

Sous-jacente à cette réduction, Davis identifie la même peur. Le puritain et le libertin ne se permettent pas de sentir en profondeur, ce qui équivaudrait à se laisser aller «à la réponse spontanée et connaturelle aux valeurs, parce qu'ils redoutent l'indépendance (de cette expérience) par rapport à la conscience contrôlante du moi rationnel, sa transcendance par rapport aux règles établies et aux conventions, et son bouleversement fréquent des buts préconçus et calculés[75]».

L'analyse transactionnelle

Ouvrons une brève parenthèse pour regarder la vision de l'être humain sous-jacente à l'école de l'ana-

---

75. C. Davis, *Body as Spirit, The Nature of Religious Feeling*, New York, Seabury Press, 1976, pp. 44-45.

lyse transactionnelle. Les théoriciens de cette école divisent l'être humain en trois composantes, à savoir : le Parent, l'Enfant et l'Adulte[76]. Ces trois composantes ont les fonctions suivantes :

- La composante *Enfant* : ressentir et faire émerger les appels profonds de la réalité organismique (besoins et émotions) ;

- La composante *Parent* : faire valoir les normes éthiques et sociales pertinentes face à l'émergence du désir de l'Enfant ;

- La composante *Adulte* : discerner les appels de la composante Enfant, décider de la meilleure façon d'obéir à ces appels en tenant compte à la fois de la réalité externe et du point de vue de la composante Parent.

La personne intégrée ou en voie d'actualisation apparaît alors comme celle qui maintient ses trois composantes en interaction constante. Cette personne n'est dominée

- ni par le Parent, ce qui donnerait un sujet rigide et obsessif ;

- ni par l'Enfant-rebelle (qui est une dégradation de l'Enfant-naturel sous la pression d'un Parent-dominateur), ce qui donnerait une personne dominée par ses impulsions ;

- ni par l'Adulte, ce qui donnerait un sujet froid, logique, toujours correct, mais dans cette mesure, peu vivant et peu fécond.

---

76. E. Berne, *Transactional Analysis in Psychotherapy*, New York, Ballantine Books, 1973 (© 1961) ; en particulier les chapitres 2 à 4.

C'est finalement la composante Enfant (naturel) qui donne à la personne à la fois son énergie et l'orientation profonde de cette énergie. Dans cette perspective, l'attitude idéale de la composante Adulte n'en est pas une de maîtrise, de domination, mais bien une de *docilité réfléchie* aux appels profonds de l'Enfant. On voit comment ce modèle anthropologique rejoint bien l'approche du présent volume. Une recherche de Léopold de Reyes me suggère le schéma suivant.[77]

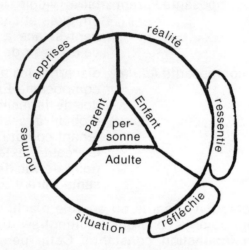

Figure 15 *L'être humain pour les théoriciens de l'analyse transactionnelle.*

L'instinct et l'approche rationnelle-émotive

L'affirmation qui est à la base du présent volume est que l'être humain *abuse* de sa raison, qu'il est trop raisonnable. Cette façon de voir entre en conflit avec l'approche dite «rationnelle-émotive», selon laquelle beaucoup de problèmes proviennent au contraire du fait que l'on n'utilise *pas suffisamment* sa raison[78].

77. L. de Reyes, «Le dialogue et la conscience chrétienne — Une préparation psychologique au dialogue», dans *Nouveau Dialogue*, sept. 1979, n° 31, pp. 24-30.
78. L. Auger, *S'aider soi-même. Une psychothérapie par la raison*, Les Éditions du CIM — Les Éditions de l'Homme, Montréal, 1974 ; en particulier les quatre premiers chapitres.

Selon cette approche, beaucoup de mes comportements sont inadéquats parce qu'ils sont contaminés par toutes sortes d'idées et de principes déraisonnables. Par exemple, je me dis: «Il faut aider les autres», et l'application rigide de ce principe en vient à m'enlever toute gratuité envers moi-même et tout plaisir de vivre.

Or, même un chrétien pourrait en venir à trouver «déraisonnable» un principe apparemment si «évangélique». La critique de ce principe à la lumière de la raison pourrait se faire comme suit: ce principe possède sa valeur, mais il est physiquement impossible de l'appliquer continuellement. Jésus lui-même n'aidait pas toujours les autres. Même lui savait «oublier» la misère abondante qu'il voyait autour de lui pour manger, boire, fêter, aller se reposer chez des amis... Je me condamne donc à la misère chronique si j'essaie de vivre à partir de ce seul principe qu'«il faut aider les autres».

L'approche rationnelle-émotive démontre hors de tout doute que la raison est loin d'être mauvaise et que beaucoup de problèmes disparaîtraient si l'on utilisait sa raison d'une façon plus rigoureuse. Je n'ai aucune difficulté à admettre la validité de ces considérations. Je crois cependant que cette approche ne va pas au bout du mystère humain. On n'a pas tout dit sur le mystère de la croissance lorsqu'on a affirmé à bon droit qu'il faut être raisonnable.

Dans ce sens, je me sens près des auteurs spirituels des temps passés qui disaient qu'une fois cette étape franchie, une nouvelle piste de croissance s'ouvre devant soi. Une fois que l'on a appris à pratiquer la vertu, c'est-à-dire à poser des comportements raisonnables, il reste ensuite à se laisser aller «aux appels de l'Esprit», c'est-à-dire à se faire attentif et docile aux appels souvent «déraisonnables» venus du fond de soi.

L'instinct plus moral que la raison

Un autre auteur contemporain donne lui aussi un exemple de ce primat accordé à la raison lorsqu'il écrit: «La raison ne règle pas le manger sans tenir compte de l'estomac. Il est pour elle un témoin dont elle note consciencieusement la déposition. Mais comme il ignore beaucoup de choses, elle se réserve la décision finale. L'estomac ignore que je vais prendre le volant dans un moment...[79]»

Je demande pour ma part : pourquoi placer la raison sur un piédestal ? Pourquoi ne pas reconnaître qu'il y a des situations où c'est exactement l'inverse qui se produit, où c'est l'estomac ou un autre organe qui sait des choses que la raison ignore ? Pascal a déjà écrit : «Le cœur a ses raisons que la raison ne connaît pas.» Plus récemment, Thérèse Bertherat lui faisait écho en écrivant : «*Le corps a ses raisons*[80]». On pourrait poursuivre : l'instinct a ses raisons que la raison ne connaît pas. Il y a quelques années, je participais à une rencontre où l'on buvait et s'amusait beaucoup. La soirée ne se termina pas dans la même gaîté, toutefois, car l'un des invités qui avait pris de la drogue fit un très mauvais voyage, et par la suite, au retour, cinq invités qui avaient pris place dans la même voiture furent impliqués dans un accident qui fit onze blessés.

Le lendemain, en faisant un retour sur ces événements, je m'aperçus que j'avais arrêté de boire dès le milieu de la soirée, même si je n'avais pas à conduire ce soir-là, et que j'avais vérifié si j'avais bien ma lampe de poche (c'était une fête champêtre). Ma raison ne savait rien de ce qui allait se produire par la suite, et si je l'avais écoutée, j'aurais continué à boire «raisonnablement». Mais quelque chose en moi savait, et ce «quelque chose» me disait de demeurer en alerte. Plutôt que d'écouter ma raison, j'ai écouté ce quelque chose, et ce faisant, je suis convaincu d'avoir bien agi, et donc d'avoir agi moralement.

C'est pourquoi je ne puis admettre que dans une réflexion sur le fonctionnement éthique, on affirme sans plus que «la raison se réserve la décision finale». Le modèle courant chez les moralistes est le suivant :

---

79. M. Blais, *Réinventer la morale*, Montréal, Fides, 1977, p. 27.
80. T. Bertherat, *Le corps a ses raisons*, Paris, Seuil, 1976.

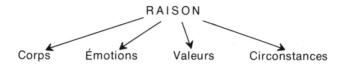

Figure 16 *Première conception du fonctionnement éthique*

Dans ce schéma, les flèches ascendantes représentent la *consultation* que la raison opère et les flèches descendantes représentent le *contrôle* que la raison exerce, la décision qu'elle prend. En contraste avec ce modèle, on peut concevoir le modèle suivant:

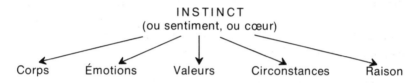

Figure 17 *Seconde conception du fonctionnement éthique*

Dans ce second modèle, la raison a repris humblement sa place parmi les autres sources d'information dont le sujet doit tenir compte dans la détermination de son comportement. Ce n'est plus la logique ou la rationalité qui est souveraine, mais bien ce «quelque chose» qui en sait plus long qu'elle, qui possède ses propres antennes, en plus des cinq autres sources d'information qui sont énumérées ici. Dans le présent volume, j'ai donné à ce «quelque chose» le nom d'*instinct* ou de *cœur,* mais j'aurais pu lui donner aussi le nom de *sentiment.*

Précisons brièvement la différence entre *émotion* et *sentiment.* Ces deux termes sont couramment employés indifféremment l'un pour l'autre. Il existe cependant une différence de nuance entre les deux. Le terme *émotion* se rapporte directement au *phénomène* physique ou physiologique, tandis que le terme *sentiment* se rapporte davantage à la *connaissance* que je puis avoir de ce phénomène. Prenons un exemple. J'ai peur, que je le sache ou non: ma respiration devient plus difficile, ma

gorge se serre, mes mains deviennent moites... Il s'agit
là d'une *émotion,* qui se décompose en plusieurs symptômes. J'enregistre plus ou moins confusément un
nombre variable de ces indices physiologiques, et j'ai le
sentiment que quelque chose va ou pourrait arriver.
L'émotion est le phénomène, tandis que le sentiment est
la perception que j'en ai. Dans le contexte où je l'emploie
ici, le terme *sentiment* correspond donc à la perception
confuse d'une réalité dont plusieurs caractéristiques peuvent encore m'échapper. Dans ce sens, le *Petit Robert*
définit le *sentiment* comme la «capacité de sentir», et il
le rapproche du terme d'*instinct.*

L'opposition présentée plus haut entre *raison* et
instinct (ou sentiment) se retrouve chez un auteur spirituel contemporain, qui oppose pour sa part la *conscience objective* et la *conscience sensitive.* Voici la typo-
logie qu'il présente.[81]

Conscience objective	*Conscience sensitive*
Rationnelle	Intuitive
Conceptuelle	Intériorisée
«Définissante»	Ouverte à l'Être

Tableau III   Conscience objective et
conscience sensitive

L'éthique biblique

En contraste avec l'approche rationnelle, Jésus et
Paul proposent la voie inverse, et cela, en accord avec
toute la tradition spirituelle dont ils étaient issus. Jésus
dira ainsi: dans les situations difficiles, n'essaie pas de
tout régler avec ta tête, mais fais confiance, et la vie fera
monter spontanément les bonnes réactions (Lc 12, 11-12).

Paul reprendra pour sa part le même message:
«Marchez sous l'impulsion de l'Esprit» (Ga 5, 16). Vivez
à partir des impulsions qui montent sans cesse du fond

---

81. K. Durckheim, *Méditer, pourquoi et comment*, Paris, Le Cour-
    rier du Livre, 1978 (© 1976), pp. 31-33 et 73-74.

de vous, de cette énergie vitale «envoyée dans vos cœurs» (Ga 4, 6). Il est question ici d'impulsions qui montent, et non plus de lois qui descendent: «Si vous êtes conduits par l'Esprit, vous n'êtes plus soumis (mis sous) la loi» (Ga 5, 18). Pour Paul, il n'est plus question non plus de tout décider et de tout faire à partir de sa tête, de son moi. S'il conserve farouchement sa liberté face aux lois et aux pressions sociales (I Co 10, 29), il agit désormais dans la communion et la docilité constantes par rapport à ce qui se passe au fond de lui: «Ce n'est plus moi qui vis» (comme avant), «c'est le Christ qui vit en moi. Car ma vie présente dans la chair, je la vis dans la foi...» (Ga 2, 20).

Si l'éthique biblique invite à un déplacement du centre de gravité dans les trois instances du moi, c'est vers le bas et non pas vers le haut. S'il se trouvait des freudiens pour se scandaliser de cet état de fait, il leur faudrait reviser leur conception de l'inconscient. La Bible n'a jamais vu dans le fond de l'être le repaire de la libido et de l'instinct aveugle, mais le lieu d'émergence — et plus tard le lieu d'habitation — de ce «Dieu» qui, selon elle, cherche sans cesse à faire surface dans la conscience et dans la vie de la personne humaine.

Albert Plé voit dans la morale du surmoi l'étape de la croissance reliée à l'adolescence. Il propose de progresser et de voir dans la morale du moi l'étape de la croissance reliée à l'âge adulte. Il faut aller jusqu'au bout et voir dans la morale du ça à l'étape de la croissance des adultes qui ont continué à grandir.

Seulement, il faudrait alors trouver pour cette instance de la personnalité un terme moins méprisant que le terme de «ça», un terme qui refléterait non plus la méfiance et la prétention du moi par rapport au fond de l'être, mais plutôt le respect et l'ouverture.

Car on l'a vu plus haut, Freud lui-même devait bien constater la faillite de cette éthique pour adultes, en observant «le contraste attristant entre l'intelligence rayonnante d'un enfant bien portant et la faiblesse mentale d'un adulte moyen», ou plutôt: Freud *aurait* admis la faillite de son modèle de conflit-contrôle, s'il avait eu assez de liberté intérieure pour se laisser évoluer vers le modèle d'intégration organique qu'il commençait à entre-voir.

Mais au lieu d'attribuer cet «étiolement» de l'adulte à un abus du contrôle de sa spontanéité, Freud a pré-féré chercher une cause ailleurs. Il est allé du côté de l'éducation religieuse, comme si son propre modèle ne lui donnait pas déjà amplement matière à explication!

Si l'éthique chrétienne veut être fidèle autant aux découvertes de la psychologie qu'aux intuitions de la Bible, elle doit dépasser le modèle du conflit-contrôle et chercher son salut par en avant, dans une morale de l'instinct qui est une morale de l'ouverture à la profon-deur, dans une morale de docilité à ce que les croyants appellent l'Esprit et qui correspond à cette mystérieuse réalité dont justement les théologiens disent que le sujet ne peut se rendre maître.

À ce propos, un autre théologien écrit: «L'homme, nous disent les Pères, est 'à l'image de Dieu' non pas seulement par son intelligence, par sa liberté, par son im-mortalité, ou encore par le pouvoir qu'il a reçu de domi-ner sur la nature: il l'est en outre et par-dessus tout, en fin de compte, par ce qu'il y a d'incompréhensible au fond de lui. [82]»

C'est pourquoi je trouve moins proche de la pensée biblique et chrétienne une morale de la maîtrise de ce qui monte du fond de soi, qu'une morale de l'accueil de ce mystère.

---

82. H. de Lubac. *Le mystère du surnaturel*, Paris, Aubier, 1965, p. 260.

13

LA PERSONNE ÉTHIQUE

> Grandir n'implique pas seulement des récompenses et des plaisirs, mais aussi plusieurs souffrances... L'auto-actualisation ne se vérifie en pratique que dans moins de un pour cent de la population adulte.[83]
>
> Maslow
>
> Combien étroite est la porte et resserré le chemin qui mène à la vie, et peu nombreux ceux qui le trouvent.
>
> Jésus (Mt 7, 14)

J'échangeais des réflexions un jour avec un ami, théologien et psychologue, sur le fonctionnement humain. À un moment donné, celui-me dit : La vraie décision, ce n'est pas toi qui la prends, c'est elle qui te prend. Et de fait, voilà bien « la vraie » situation, la situation normale et idéale en même temps ! Je suis harmonie, je suis l'unité vivante d'un organisme complexe, et prendre une décision volontaire, c'est risquer d'interrompre un processus vital, c'est risquer d'intervenir à contretemps dans un « dossier » dont bien des éléments m'échappent.

Le fonctionnement idéal, c'est donc d'agir à son rythme, de retarder l'action tant que « l'heure n'est pas venue », de consentir aux maturations qui s'imposent, même si cela fait surgir de l'insécurité au-dedans et des impatiences au-dehors. « Je dois recevoir un baptême, et quelle n'est pas mon angoisse jusqu'à ce qu'il soit con-

---

83. Maslow, *Toward...*, p. 204.

sommé!» (Lc 12, 50). «Manifeste-toi... Mon temps n'est pas encore venu, tandis que pour vous, le temps est toujours bon.» (Jn 7, 4-5). Si vous n'êtes pas en contact avec le fond de vous-mêmes, vous pouvez bien vous permettre de faire n'importe quoi, n'importe quand. Mais si vous descendez un peu en vous, il n'en sera plus ainsi...

Mais on sait bien que situation idéale n'est pas situation quotidienne. L'environnement et les événements ne sont pas toujours accordés au rythme intérieur de tous en même temps! L'espace et le temps ont leurs limites, qui se traduisent en contraintes pour l'individu. Sous peine d'être une épave qui flotte à la dérive, condamnée à être l'éternelle victime des circonstances, il me faut réagir, décider. Puisqu'elles ne seront pas toujours mûries à point, plusieurs des décisions que je prendrai seront provisoires, quitte à me réajuster par la suite, à la lumière de leurs effets.

J'exclus bien sûr ici les cas limites, les occasions qui ne reviendront plus. C'est tout de suite que je dois décider entre la poursuite de la grossesse et l'avortement, c'est tout de suite que je dois décider si je prête mainforte ou non à la personne qui est attaquée sur la rue. Mais au-delà de ces cas limites caractérisés par l'urgence, mes autres décisions sont normalement réversibles. Je puis m'engager dans telle relation et me retirer par la suite, ou ne pas intervenir au début et m'engager par la suite, je puis accepter tel emploi et le quitter par la suite, je puis m'associer à tel groupe et m'en dissocier par la suite...

Le critère ultime — y compris dans les situations d'urgence — est donc toujours: où en suis-je intérieurement? Qu'est-ce qui est bon pour moi, présentement? (en n'oubliant pas qu'à la limite, je puis en arriver à constater qu'il est «bon» pour moi de donner ma vie pour ceux que j'aime). «Prendre une décision» plutôt que «me laisser prendre» par elle est donc l'exception plutôt que la règle. La règle, c'est de laisser mon organisme total m'indiquer à son rythme ce qui est bon pour moi. L'exception, c'est de décider rapidement (avec ma tête, ma volonté), sous la pression des contraintes extérieures.

Mais alors... la conscience ?

Où se place la conscience, dans ce fonctionnement ? Est-ce à dire que la réflexion éthique n'aurait pas à intervenir ? Suffit-il que j'aie le goût de quelque chose pour que ce soit automatiquement bon pour moi... et pour les autres ? Est-ce que toute émotion est bonne du moment que je l'éprouve ?

Oui, *toute* émotion est bonne — je prends la peine de le souligner. Toute émotion est bonne parce qu'elle a un rôle à remplir et qu'elle le remplit. Toute émotion est une information qui m'est communiquée sur ce qui est en train de se passer en moi. Si le feu est pris, je n'ai rien à gagner à me cacher la fumée. Si je vis du désir sexuel ou de l'agressivité, j'ai avantage à le savoir.

J'ai écrit : à le savoir. Il y a en effet une frontière entre savoir (laisser monter une émotion) et passer à l'action. Du moins, il y en a normalement une. Pour la personne impulsive, cette frontière n'existe pas, ou plus précisément, cette frontière est toujours ouverte. Dès qu'une émotion monte, elle se traduit tout de suite par un comportement. Pour la personne rigide, au contraire, la frontière est toujours fermée. La personne rigide est coupée de ses informations internes et de l'énergie qui leur est associée. La personne rigide est volontariste, tandis que la personne impulsive est irréfléchie. La personne éthique, quant à elle, se situe entre ces deux extrêmes.

La personne du contact

La personne éthique n'agit ni sur la seule base de ses émotions (contrairement à l'impulsif), ni sur la base de ses défenses et de ses restrictions (contrairement au rigide). On peut voir l'impulsif et le rigide comme des *êtres de rupture.* L'impulsif est coupé de la situation extérieure, de ses exigences et de ses limites. Le rigide, pour sa part, est coupé de ses états intérieurs. Je me présente à un service quelconque, et la préposée m'informe qu'il m'en coûtera deux fois plus cher que je ne le pensais pour obtenir ce que je désire. Je me sens intérieurement furieux. Je puis réagir impulsivement, et abreuver d'injures la préposée qui ne fait que me communiquer une information à propos de laquelle elle n'a absolument aucune responsabilité. Je me décharge le cœur sans égard à ce que je peux faire vivre à mon interlocutrice. Dans un autre contexte, cela s'appellerait un viol.

Je puis au contraire réagir d'une façon rigide, enfouir ma colère et répondre à cette frustration par le sourire. De retour chez moi, je serai hostile à mon épouse pour le restant de la journée, ou je serai «victime» d'un mal de tête qui me rendra malheureux pendant des heures.

À la différence de ces «êtres de rupture», je puis réagir en «être de contact». Je puis prendre contact à la fois avec mon émotion intérieure (la colère) et avec la situation extérieure (l'innocence de la préposée par rapport à ce qui provoque mon sentiment de colère). Une fois en contact avec ces deux réalités, différentes possibilités d'action s'ouvrent à moi. Je puis demander à m'expliquer avec la personne qui est responsable de l'élaboration des politiques et des tarifs dans ce service. Je puis «ravaler» ma frustration sur le coup jusqu'à ce que je me retrouve seul, et là, donner libre cours verbalement à ma colère, en utilisant sans scrupules les expressions les plus crues et les plus agressives... Encore ici, c'est le contact avec ma réalité personnelle qui m'inspirera le bon comportement: perception de l'importance de l'enjeu, temps et énergie disponibles, etc.

L'être éthique est l'être du contact avec les multiples dimensions de sa réalité interne et externe, alors que l'être pré-éthique (l'impulsif ou le rigide) est l'être de la rupture avec un certain nombre de ces dimensions.

Pour être plus précis, il faut spécifier une de ces «autres dimensions». Il y a des normes ou des principes que l'on tient pour valables et qui demandent aussi à être pris en considération, à côté des émotions et de la situation extérieure. Par exemple: on ne prend pas le bien d'autrui, on ne frappe pas un adversaire tombé, on n'exploite pas le faible, etc. Parmi les dimensions avec lesquelles la personne éthique est en contact — je ne dis pas : est soumise — il y a donc ces points de repère moraux qui se retrouvent dans tout processus de décision plus ou moins spontané ou plus ou moins laborieux.

La personne de la table

La personne éthique est une personne de conviction, ce qui revient à dire qu'elle est la personne de la table. Je vais m'expliquer ! On associe spontanément un comportement jugé « moral » aux « convictions personnelles » de celui qui le pose. On signifie par là que la personne en cause « possède des principes », qu'elle ne fait pas n'importe quoi n'importe quand. Ceci n'est certes pas mauvais, mais il y a moyen d'aller plus en profondeur dans la compréhension du fonctionnement éthique.

Pour ce faire, il faut d'abord remettre en question l'étymologie courante du mot « conviction ». Selon cette étymologie courante, il y a dans le mot conviction une connotation d'affrontement et d'écrasement qui paraît problématique. C'est ainsi que le *Dictionnaire étymologique Larousse* rattache l'origine du mot conviction aux racines latines *cum* et *vincere.* Convaincre, c'est *vaincre sur. Convincere,* c'est vaincre entièrement, confondre un adversaire, convaincre au sens judiciaire (prouver la culpabilité), démontrer victorieusement (une erreur, une faute).

Dans ce sens, une personne convaincue serait une personne qui s'est vaincue elle-même, qui s'est imposée à elle-même des choses, qui a « confondu » une partie d'elle-même comme on confond un adversaire. L'opération apparaît assez peu bienveillante, trop peu en correspondance en tout cas avec l'éthique dégagée au chapitre quatorze.

C'est pourquoi je préfère de beaucoup rattacher la conviction à la *convictio,* que le dictionnaire définit par « intimité », « action de vivre avec ». La *convictio* provient du verbe *convivo,* qui signifie « vivre ensemble, manger ensemble ». Voilà pourquoi je disais plus haut que la personne éthique est la personne de la table.

La personne du consensus

La personne de la table est essentiellement la personne du consensus. Cela tient au fait que la table est essentiellement le lieu de l'échange, le lieu de la transaction, le lieu de la négociation. Tu me passes le sel et je te passe le pain. Pendant que tu coupes ta viande, je te prends le beurre. En faisant circuler les choses, on s'apprivoise à elles et on s'apprivoise les uns les autres, et les consensus s'élaborent lentement. On apprend lentement à reconnaître les apports de chaque convive, ses sensibilités et ses besoins, et cette reconnaissance devient vitale pour la décision qu'il faudra prendre par la suite.

Nous sommes ici au cœur de la question éthique, et c'est d'ailleurs ici que nous pouvons opérer la jonction avec le concept qui se trouve au cœur de la réflexion éthique, à savoir le terme de conscience. Le verbe grec qui a, par la suite, donné naissance au terme latin de *conscientia* possède un sens splendide, dans le contexte de notre «table de négociation». Ce verbe *(sunoïda)* peut signifier tour à tour:

- savoir quelque chose sur le compte de quelqu'un
- savoir avec d'autres, être confident, témoin, complice
- avoir la conscience de (par exemple, au sens d'avoir quelque chose ou de ne rien avoir à se reprocher)

Notons aussi que le préfixe *sun* signifie avec et que le verbe *oïda* signifie «savoir, connaître». Le sens premier est donc ici l'idée d'un savoir ensemble, qui trouvera son correspondant latin dans le terme de «compréhension», qui signifie «prendre ensemble». On est proche ici de notre terme de «consensus», qui est de «sentir ensemble» *(cum-sentire).*

Agir «en conscience», c'est donc «prendre ensemble» chaque élément de ma réalité: les différentes émotions, les différents éléments de la réalité extérieure, les différentes normes ou valeurs pertinentes à la situation, et en arriver à la décision qui rend le mieux justice à l'ensemble de ces éléments de la réalité personnelle.

La négociation intérieure

La personne éthique apparaît donc comme la personne de la conscience, c'est-à-dire comme la personne de la négociation intérieure. Ce processus de négociation intérieure ressemble beaucoup aux négociations patronales-syndicales. Lorsqu'elles se déroulent sans problème et qu'elles se terminent à la satisfaction des deux parties, l'opinion publique n'en entend même pas parler. Ce n'est que lorsque le processus achoppe qu'il se trouve porté à l'attention du public.

Il en va de même pour la négociation intérieure. Tant que rien n'accroche, je marche. J'agis spontanément, dans l'harmonie, la créativité et le plaisir. Cela ne signifie pas qu'il ne se passe rien. Plusieurs négociations peuvent être en cours, mais elles se déroulent normalement et je n'ai pas à intervenir.

Lorsque quelque chose accroche, j'éprouve le besoin de m'arrêter. Je me retrouve alors devant une alternative. Ou bien je ne m'implique pas dans le conflit, que je trouve trop complexe et trop menaçant, et j'ai recours à une injonction, c'est-à-dire je demande à quelqu'un d'autre (un tribunal) de régler le problème à ma place. J'irai chercher la «solution» et la sécurité dans la loi. Cette démarche me donnera l'avantage de me dispenser d'un contact peut-être pénible au début avec moi-même. Elle présentera aussi le désavantage de réduire la démarche éthique à une simple recherche de sécurité illusoire, sous l'autorité de la loi.

Second membre de l'alternative: je décide de m'impliquer dans le conflit et de me consulter moi-même, c'est-à-dire de convoquer toutes les parties autour de la table, et de leur donner la parole, chacune à tour de rôle. Ce faisant, je réalise ce que les croyants nomment le «projet de Dieu sur moi», «lui qui au commencement a créé l'homme et l'a laissé à son conseil» (Eccli 15, 14). Je réunis donc ce conseil qui m'a été laissé, je prends l'avis de mes conseillers, c'est-à-dire des différentes parties de moi-même en conflit provisoire les unes avec les autres.

La négociation directe

Cette négociation peut prendre plusieurs formes, se régler en une seule séance ou en nécessiter plusieurs. Voyons d'abord quelques exemples de «négociation directe», où la personne se retrouve seule face à elle-même. D'abord le cas de Jésus. «L'Esprit le pousse au désert. Et il demeura dans le désert quarante jours, tenté par Satan.» (Mc 1, 12-13)

L'évangile demeure silencieux sur les raisons qui ont amené Jésus à quitter son village. Certains font l'hypothèse que son baptême fut pour lui une expérience aussi bousculante qu'inattendue, et que c'est cette expérience qui serait à l'origine des choix qui ont suivi. Sans exclure cette hypothèse, on peut aussi songer au scénario suivant.

Jésus est à un tournant de sa vie. Il sent confusément que son bonheur ne passe plus par une vie sans histoire dans l'enclos protégé de son village de Nazareth. Comme le fils prodigue, il commence à sentir étouffantes les limites étroites du domicile familial, avec sa routine quotidienne. Il sent venue l'heure de passer à autre chose. Mais quoi?

Jésus sent de grandes aspirations, mais de fortes résistances aussi. Il est prêt à tout, mais pas à n'importe quoi. Il se sent souverainement libre, mais il n'a pas encore trouvé sa voie. C'est pourquoi il se sent «amené» à donner libre cours à toutes ses voies intérieures, sans en exclure aucune. Il ira au désert, le temps qu'il le faudra.

Le désert est le lieu du face-à-face avec soi-même, là où l'on s'éloigne des bruits extérieurs pour se faire attentif aux voix intérieures. Pour les Hébreux, le désert est surtout le lieu où l'homme oscille entre la révolte et la foi, c'est-à-dire entre la résistance et la docilité, entre la tentation de faire taire les voix et la décision de les laisser parler. Et Jésus laisse parler ses voix. Elles lui parlent tour à tour de prestige et de liberté, de docilité et de pouvoir, de possessions et de mystère. Jésus laisse parler ses voix tant qu'elles ont quelque chose à dire, tant qu'il n'est pas certain de tout avoir entendu, tant qu'il entend encore des objections, des si et des mais.

Et peu à peu, les voix s'apaisent, le calme se fait, l'harmonie s'établit. Jésus a retrouvé ses bases et le chemin s'est clarifié devant lui. Les bêtes les plus menaçantes et les aspirations les plus spirituelles se sentent réunifiées: «Et il était avec les bêtes sauvages, et les anges le servaient» (Mc 1, 13). L'homme du consensus intérieur est prêt à l'action.

La consultation avec l'aide de quelqu'un d'autre

Il y a dans l'évangile de nombreux passages où le sujet éprouve le besoin de recourir à quelqu'un d'autre (en l'occurrence à Jésus), pour se faire aider dans cette consultation de lui-même. Le cas de Nicodème en constitue une illustration. Depuis quelque temps, Nicodème entend des voix intérieures discordantes. En tant que pharisien et diplômé en théologie, il ne peut se permettre d'être d'accord avec Jésus, ce prédicateur populaire qui n'a aucune lettre de créance, ce *self-made man* qui n'est passé par aucune université et qui n'appartient à aucune corporation professionnelle. Et pourtant...!

Pourtant, Nicodème n'est pas tranquille. Il se sent en dissonance intérieure, il ne sait plus tout à fait que penser, il ne sait plus tout à fait à quoi s'en tenir. Il en sait trop pour prétendre ne rien savoir et tenter de vivre comme avant. Il n'en sait pas assez pour voir clair et apporter des changements précis à sa vie. Fatigué de tourner en rond, il décide d'aller raconter son histoire à Jésus et de tenter de voir, avec son aide, comment il pourrait naviguer dans ces rapides.

En présence de Jésus, Nicodème met tout sur la table. Les conclusions auxquelles il en est arrivé (Jn 3, 2), son ambivalence face à la perspective d'avoir à naître à de nouvelles façons de voir et de sentir (v. 4), son besoin d'être rassuré (v. 9)... Quant à Jésus, il ne peut qu'accueillir cette démarche, et encourager son «aidé» à laisser parler toutes ses voix, d'où qu'elles viennent et quoi qu'elles disent: «L'Esprit souffle où il veut; tu entends sa voix, mais tu ne sais ni d'où il vient ni où il va...» (v. 8). Qui peut prévoir l'issue d'une négociation? Qui peut savoir à l'avance ce que chaque partie aura à dire? Lorsque chaque partie est laissée libre, qui peut deviner les consensus qui se dégageront des échanges?

Une négociation laborieuse

Les négociations intérieures sont parfois laborieuses et il faut y mettre le temps. Dans le cas de la négociation de Jésus, Mathieu parle de «quarante jours et quarante nuits» (Mt 4, 2). Ces chiffres sont certes symboliques, tout comme la mise en scène des «tentations» elles-mêmes d'ailleurs, dans Mathieu et dans Luc. Mais la vérité sous-jacente est bien réelle: il faut y mettre le temps. C'est pourquoi l'aventure du jeune homme riche est loin d'être un échec. On connaît l'histoire: «Que dois-je faire de bon pour posséder la vie éternelle? — Tu connais les commandements. — Tout cela, je l'ai gardé. — Vends ce que tu possèdes, puis viens.» Et la fin: «Le jeune homme s'en alla tout triste, car il avait de grands biens.» (Mc 10, 17-22) Voici comment le même dialogue se déroulerait, dans le contexte d'une relation d'aide.

Aidé: Il y a quelque chose qui ne tourne pas rond dans ma vie. Je me sens profondément insatisfait.
Aidant: Ummm.
Aidé: J'ai l'impression que je suis en train de passer à côté de quelque chose d'important.
Aidant: Il y a des choses que tu ne fais pas et que tu sens que tu devrais faire?
Aidé: Non, ce n'est pas ça. J'ai toujours tout fait ce qu'il fallait faire. Je suis le genre de type correct sur tout et à qui tout réussit. Non, c'est autre chose...
Aidant: Ce que j'entends, c'est: je suis englué dans mes réussites. Il me manque de l'espace. Il faudrait que je m'arrache à mon confort et que je me donne des nouveaux défis...
Aidé: Arrête, t'es dessus. Mais maudit que c'est pas facile! (Long silence) Bon. Je téléphonerai si je veux revenir la semaine prochaine. (L'aidé sort.)
Aidant: (en lui-même) Eh! que je me retrouve dans ce bonhomme-là! J'aimerais ça faire un bout de chemin avec lui. J'espère qu'il va rappeler...

Je reconstitue de la façon suivante la réaction finale du jeune homme face à la réponse de Jésus: «Jésus tombe pile. Sa proposition est tout à fait pertinente. Mais en même temps, je sens qu'il y a des parties de moi qui ne sont pas d'accord avec ça, et je ne gagne rien à les faire taire. Je ne me sens pas encore prêt à donner le grand coup. Je vais retourner me consulter là-dessus...»

Il me semble que le jeune homme se laisse atteindre de plein fouet par la parole de Jésus, qui ne fait que prêter des mots clairs à une voix intérieure qui jusqu'ici n'avait que balbutié confusément. L'homme ne se défend pas, il ne rationalise pas. Il encaisse et retourne chez lui avec l'interpellation. Je ne suis pas du tout sûr que le jeune homme ait dit son dernier mot, même s'il n'est plus question de lui dans l'évangile.

Une négociation interrompue

Il y a un autre épisode dans l'évangile qui apparaît à l'opposé de celui du jeune homme riche. Celui-ci «s'assombrit», car il sent que Jésus a touché juste. Il ne nie pas ce sur quoi Jésus vient de mettre le doigt. Pierre aura la réaction tout à fait inverse, dans une situation somme toute assez ressemblante.

Un jour, Jésus prend l'initiative de refléter à ses disciples leur fragilité intérieure, en face des événements qui se corsent. «Tous, vous allez être scandalisés, ... dispersés.» (Mc 14, 27); Jésus ne fait que mettre des mots sur une voix intérieure que les disciples n'entendent pas. Il amorce une négociation pour que les disciples prennent contact avec cette partie muette d'eux-mêmes que représente leur fragilité non reconnue. En laissant parler leurs peurs, leurs doutes, leur besoin de support, leur confiance en Jésus, etc., les apôtres seront mieux préparés à vivre les événements qui viennent.

Mais Pierre interrompt brusquement cette négociation à peine amorcée: «Ce n'est pas vrai, tu me comprends mal, les autres peut-être mais pas moi.» De toute évidence, Pierre n'est pas prêt à regarder sa fragilité et ses peurs. Elles le menacent trop pour qu'il les regarde en face. Comme toute personne «insécure», il nie le problème et prétend que tout va bien. Il avait d'ailleurs réagi exactement de la même façon lorsque Jésus avait commencé à laisser parler le pressentiment de sa souffrance (Mc 8, 31-33).

Pierre n'est pas encore suffisamment en contact avec lui-même pour regarder ses émotions. Dans cette situation du moins, il n'a pas suffisamment de sécurité intérieure pour laisser toutes les parties de lui-même s'asseoir à la table et parler clairement, chacune en son nom. Il préfère parler rapidement au nom de toutes, et faire comme si tout allait bien.

« Nous sommes plusieurs »

La personne de la négociation est plus forte que la personne de l'autorité, qui se fait taire elle-même. La raison en est que la personne de la négociation devient la personne du consensus, et donc de l'unité intérieure, alors que la personne de l'autorité devient la personne de la division intérieure. À la limite, cet état de division intérieure devient intenable. C'est le cas du «démoniaque» rencontré par Jésus. Celui-ci lui demandait : «Quel est ton nom ?» Il lui répond : «Légion est mon nom, car nous sommes beaucoup.» (Mc 5, 9).

En contraste, la personne de la négociation devient à la limite invulnérable, à cause justement de son unité intérieure. Dans le Troisième Chant, le Serviteur dit : «Matin après matin, il me fait dresser l'oreille, pour que j'écoute, comme les disciples ; le Seigneur Dieu m'a ouvert l'oreille. Et moi, je ne me suis pas cabré, je ne me suis pas rejeté en arrière. (...) Le Seigneur Dieu me vient en aide : ...j'ai su que je n'éprouverais pas de honte.» (Is 50, 4-7).

On pourrait traduire : inlassablement, je me remets à l'écoute de moi-même (et du «Seigneur au fond de moi»), sans me raidir, sans résister aux voix qui me menaceraient de prime abord ; parce que je suis ainsi en contact avec mon énergie intérieure, parce que celle-ci circule librement dans un intérieur unifié, je sais que le «Seigneur» me soutient et je me sens solide...

La prière comme temps et lieu de la consultation

La personne éthique est la personne de la conscience, de la conviction, c'est-à-dire la personne du contact avec l'ensemble de sa réalité. Elle est la personne qui s'emploie sans cesse à refaire son unité intérieure, en se rendant attentive à son vécu. On peut reconnaître ici le sens que la tradition judéo-chrétienne voit dans l'expérience de la prière.

Prier pour s'abandonner tel qu'on est sous le regard de «Dieu», prier pour refaire son unité intérieure et prier pour savoir quoi faire, tout cela représente au fond la même démarche fondamentale. Ceci apparaît clairement dans la prière du Psaume 139. Cette prière s'achève de la façon suivante: «Sonde-moi, ô Dieu, connais mon cœur.» (Je consens à être tel que je suis sous ton regard.) «Vois que mon chemin ne soit fatal.» (Apprends-moi à bien vivre mes discernements, à discerner le bon chemin du mauvais.) «Conduis-moi sur le chemin d'éternité.» (Aide-moi à me laisser conduire docilement par ton inspiration, par tes voix qui montent de mes profondeurs.)

Prière, éthique et croissance personnelle sont les trois fils dont est faite l'existence du croyant, «tissé par Dieu au ventre de sa mère» (Ps 139, 13).

14

LE PROCESSUS VITAL DANS
LE NOUVEAU TESTAMENT

> La personne obsessive-compul-
> sive n'a plus beaucoup de plaisir
> à vivre, et elle devient aveugle à
> une portion importante d'elle-
> même.[84]
>
> Maslow
>
> Examine donc si la lumière qui
> est en toi n'est pas ténèbres.
>
> Jésus (Lc 11, 35)

Le grand commandement de l'amour du prochain est rappelé à plusieurs reprises dans le Nouveau Testament, en conformité avec l'Ancien: «Tu aimeras ton prochain comme toi-même.» (Lc 19, 18).

Ce commandement apparaît sous deux formulations différentes. La première, plus générale, que je viens de citer, et la seconde, plus opérationnelle: «Tout ce que vous voulez que les hommes fassent pour vous, faites-le vous-mêmes pour eux: c'est la Loi et les Prophètes.» (Mt 7, 12).

Selon toute apparence, ce commandement prend pour acquis que l'homme s'aime lui-même. On ne dit pas: «Tu aimeras ton prochain comme tu t'aimeras toi-même», mais: «Aime ton prochain comme tu t'aimes spontanément toi-même.»

Ailleurs, Jésus ajoutera une menace eschatologique à cette invitation: «C'est la mesure dont vous vous servez qui servira de mesure pour vous.» (Mt 7, 2). La boucle est

---

84. A. Maslow, *The Farther Reaches of Human Nature*, Penguin Books, 1976 (© 1971), p. 84.

donc complète: tu te traites bien, alors traite bien les autres (aime-les comme toi-même...), et si tu traites bien les autres, on te traitera bien toi aussi.

À bien y penser, les choses ne sont pas si simples, car on ne peut justement pas prendre pour acquis que l'on s'aime soi-même. Si cela était vrai, il n'y aurait pas à se préoccuper de quoi que ce soit, car on aimerait spontanément son prochain. «Supposez qu'un arbre soit bon, son fruit sera bon.» (Mt 12, 33). Mais justement, il s'agit d'une supposition et non d'une réalité. La réalité va parfois dans ce sens, et parfois dans le sens contraire. Et lorsqu'elle va dans le sens contraire, lorsqu'il n'y a pas d'amour dans le cœur d'un être, il ne faut pas s'étonner qu'il n'aime pas les autres: «Comment pourriez-vous dire de bonnes choses, alors que vous êtes mauvais?» (Mt 12, 34).

Si un arbre est mauvais, il est la première victime de sa situation. Car avant même de porter de mauvais fruits, une sève amère a longuement circulé en lui, diminuant son plaisir de vivre et gâtant sa joie d'être fécond. Les mauvais fruits deviennent alors davantage les signes d'un échec personnel que d'un parti pris délibéré pour la stérilité.

En clair, cela signifie que si quelqu'un a du mal à aimer autrui et à le traiter fraternellement, cet état de fait invite à en déduire que cette personne a du mal à s'aimer elle-même et à se traiter fraternellement.

Comment s'aimer soi-même

La psychologie nous rend sensibles à ce phénomène: on se sert pour soi-même de la même mesure dont on se sert pour autrui. C'est pourquoi on pourrait appliquer à la relation que l'on a avec soi-même les invitations que le Nouveau Testament nous fait en relation avec autrui.

«Celui qui aime prend patience»: il ne s'impose pas de tout réussir du premier coup, il accepte de devoir procéder par étapes.

«Celui qui aime ne s'enfle pas d'orgueil»: il ne s'identifie pas hautainement à une partie de son corps (comme la tête) pour mépriser d'autres parties (comme l'affectivité). «L'œil ne peut pas dire à la main: 'je n'ai pas besoin de toi', ni la tête dire aux pieds: 'je n'ai pas besoin de vous'. Même les membres du corps qui paraissent les plus faibles sont nécessaires. » (I Co 12, 21-22).

«Celui qui aime ne s'irrite pas»: lorsqu'il découvre des aspects de sa personnalité qui lui apparaissent à première vue moins réjouissants, il ne se rejette pas lui-même, mais il dit: «j'ai à apprendre à vivre pacifiquement et sereinement avec cette partie de moi, parce que je suis aussi cette partie et que je m'aime. »

«Celui qui aime n'entretient pas de rancune»: lorsqu'il a fait une erreur, qu'il a posé une action qui s'est révélée malencontreuse par la suite, il n'entretient pas de culpabilité, mais «il excuse tout», il se dit qu'il a fait pour le mieux avec ce qu'il savait et ce qu'il était et qu'il sera plus vigilant la prochaine fois.

«Celui qui aime endure tout, espère tout»: celui qui aime est tolérant envers lui-même, il cohabite en frère avec toutes les parties de lui-même, puisqu'il est animé par l'espérance d'en arriver à une réconciliation progressive de ses contradictions apparentes, à une unification progressive de toutes les dimensions de son être (I Co 13, 4-7).

Jésus, pour sa part, disait: «Aimez vos ennemis et priez pour ceux qui vous persécutent. » (Mt 5, 44) Aime les aspects de toi-même qui te donnent le plus de fil à retordre. Ne ridiculise pas et ne méprise pas les parties de toi qui te semblent les plus opposées, les plus hostiles à ce que tu veux être. Prie pour les éléments de ta personnalité qui te persécutent, sois fraternel avec les rebelles qu'il te faut apprivoiser...

«Votre Père fait lever son soleil sur les méchants et sur les bons, et tomber la pluie sur les justes et les injustes. (...) Vous serez parfaits comme votre Père...» (Mt 5, 45-48). Votre «Père» exerce son acceptation paternelle envers toutes les parties de sa «création», il porte un regard chaleureux (son soleil) et fécond (sa pluie) sur toutes les dimensions de sa réalité. Faites de même.

«Qui d'entre vous, si son fils lui demande du pain, lui donnera une pierre?» (Mt 7, 9) Si un être qui dépend de vous vous exprime un besoin, vous répondrez à ce besoin. Si vous vous exprimez clairement vos propres besoins, vous les prendrez en considération (besoin de solitude, de silence, d'affection, de compagnie, de repos, de détente, etc.).

«Pierre s'approcha et lui dit: 'Seigneur, quand mon frère commettra une faute à mon égard, combien de fois lui pardonnerai-je? Jusqu'à sept fois?' Jésus lui dit: 'Je ne te dis pas jusqu'à sept fois, mais jusqu'à soixante-dix fois sept fois.» (Mt 18, 21-22) Soyez acceptants envers vous-mêmes. Ne consommez jamais la rupture avec vous-mêmes. Ne vous placez jamais en situation de division intérieure (le juste offensé et le pécheur, la victime et le bourreau, le bon et le pas bon). Employez-vous sans cesse à refaire votre unité intérieure, lorsque celle-ci se trouve menacée.

«Les collecteurs d'impôts et les pécheurs s'approchaient tous de lui pour l'écouter. Et les pharisiens et les scribes murmuraient; ils disaient: 'Cet homme-là fait bon accueil aux pécheurs et mange avec eux.'» (Lc 15, 1-2) Quand une partie «pas belle» de toi-même s'approche de toi, fais-lui bon accueil, même si cela fait parler autour de toi, Il n'y aura pour s'en scandaliser que des pharisiens, c'est-à-dire des gens qui tiennent à distance, qui refusent de regarder et d'accepter la partie correspondante dans leur propre personnalité.

«Vous serez intégrés comme votre Père céleste est intégré.»

On pourrait poursuivre longuement cette relecture de l'évangile. Par exemple, un disciple de Jung mentionne la parabole des deux frères (Lc 15, 11-32) où le fils aîné peut représenter la partie «morale» et conformiste de nous-mêmes, alors que le fils cadet représente la partie de nous qui veut mordre dans la vie à pleines dents. Le «projet de Dieu», représenté dans la parabole par le père, consiste alors à réconcilier sa créature avec elle-même, à l'encourager à bâtir la paix avec les différentes parties d'elle-même.

Le même thème de la réconciliation intérieure se trouve évoqué dans la parole de Jésus invitant au dialogue avec son adversaire. «Mets-toi vite d'accord avec ton adversaire, tant que tu es encore en chemin avec lui, de peur que cet adversaire ne te livre au juge, le juge au gendarme, et que tu ne sois jeté en prison. En vérité, je te le déclare: tu n'en sortiras pas tant que tu n'auras pas payé jusqu'au dernier centime.» (Mt 5, 25-26) En d'autres termes, tu disposes d'un temps limité pour bâtir ton intégration personnelle; profite de ce temps de cheminement pour faire ton unification intérieure, car tu devras la faire de toute façon, maintenant ou plus tard...[85]

Ces interprétations s'écartent probablement des visées catéchétiques que les rédacteurs de l'évangile avaient en tête. Elles apparaissent cependant en conformité étroite avec la visée de Jésus telle qu'il l'exprime en Matthieu 5, 48: «Vous serez parfaits comme votre Père céleste est parfait.» Le sens du terme grec traduit ici par «parfait» est le suivant: achevé, complet, «qui a atteint toute sa croissance». Il ne s'agit donc pas d'abord de pureté, d'exemption de taches, d'erreurs ou de péchés, mais d'*intégration intérieure.* Un exégète commente ainsi ce verset: «Le grec dit 'Soyez parfaits»', c'est-à-dire non pas saints à la façon d'un vitrail, mais 'complets', 'intégrés' *(comprehensive)*...[86]»

Psychologie de la tentation

Molinski reprend bien ce concept d'intégration dans son étude théologique du concept de tentation. Pour lui, la tentation survient lorsque la poursuite de la croissance se trouve mise en danger. Ceci se produit selon lui lorsque la personne se trouve confrontée au choix suivant: ou bien suivre une impulsion et alors interrompre sa démarche de croissance, ou bien résister à cette impulsion pour continuer à cheminer dans l'actualisation de son

85. J. Sanford, *Jesus, Paul and Depth Psychology*, San Diego, Religious Publishing Company, 1974, pp. 20-22.
86. A. Argyle, *The Gospel According to Matthew*, Cambridge, 1977 (© 1963), p. 53.

potentiel.[87] L'approche et le vocabulaire utilisés par Molinski suggèrent le schéma suivant :

Approche religieuse :   Péché ⟵ Tentation ⟶ Recherche de
                                                   la perfection

Approche psychologique :   Impulsion ⟵ Tension ⟶ Intégration

Figure 17   *Psychologie de la tentation*

Le concept d'impulsion serait ici à prendre dans son acception la plus large, de manière à pouvoir englober tous les comportements entraînant l'interruption de la démarche de croissance : non seulement réactions impulsives proprement dites (colère pour une contrariété mineure face à quelqu'un qui ne la mérite pas, par exemple), mais utilisation impulsive de modes de réactions défensifs (manipulation, séduction) et de façon générale, toutes les formes de fuite empêchant la croissance (fuite dans l'abus de l'alcool, par exemple).

L'évangile met donc en relief l'alternative accueil-exclusion ou accueil-répression, et présente l'accueil comme la grande attitude spirituelle, l'attitude évangélique par excellence. Sanford exprime l'opinion que ce courant éthique directement rattaché à Jésus n'a pas été suivi par tous, et qu'à côté de lui, un autre courant éthique traverse le Nouveau Testament.

Plutôt que de véhiculer une dynamique d'accueil-intégration, ce second courant véhicule plutôt une dynamique de rupture-répression, selon laquelle il s'agit de ne faire place qu'à la partie « morale » de la personnalité, à l'exclusion de la partie dite « immorale ». Sanford prend à témoin de ce courant plusieurs passages des lettres de Paul, où celui-ci opère un net clivage entre toutes les formes de « bien » qu'il encourage à pratiquer, et toutes les formes de « mal » dont il demande de s'abstenir (par exemple, Ephésiens 4, 25-5, 5). Ce courant a pour effet de bâtir un moi idéal extrêmement exigeant, auquel il faut se conformer à tout prix, aux dépens de l'authenticité et du contact avec les parties dites indésirables de la person-

87. W. Molinski, article *Temptation* in *Encyclopedia of Theology, The Concise Sacramentum Mundi*, Edited by Karl Rahner, New York, Seabury Press, p. 1661.

nalité. Par exemple, l'auteur de la première lettre à Timothée écrit : «Aussi faut-il que l'épiscope soit irréprochable, mari d'une seule femme, sobre, pondéré, de bonne tenue, hospitalier, capable d'enseigner, ni buveur, ni batailleur, mais doux ; qu'il ne soit ni querelleur, ni cupide. Qu'il sache bien gouverner sa propre maison et tenir ses enfants dans la soumission, en toute dignité...» (1 Tm 3, 2-4). Sanford commente : «De toute évidence, le fait de se conformer à un tel code ne produira pas un être humain authentique, mais plutôt un homme qui joue un personnage.»

Il en va de même du code de conduite prévu pour les femmes : «La femme sera sauvée par sa maternité, à condition de persévérer dans la foi, l'amour et la sainteté, avec modestie.» (1 Tm 2, 15). Sanford demande : «Qu'est-ce qu'une femme fait lorsque la colère, le ressentiment, la frustration ou l'ennui l'amène à se révolter contre sa situation ? Paul ne lui offre aucune solution de rechange, il lui faut couper résolument toute cette partie indésirable d'elle-même.[88] »

De toute évidence, ce deuxième type d'éthique apparaît fort problématique au psychologue, et Sanford fait remarquer qu'à l'intérieur même du Nouveau Testament, ce courant a entraîné des conséquences qu'il ne craint pas de qualifier de régressions. Plus la personne se coupait de sa partie indésirable, plus elle se voyait entraînée à projeter cette partie à l'extérieur d'elle-même, soit en Dieu lui-même, l'agressivité refoulée devenant alors la «colère de Dieu», soit en imaginant un «anti-Christ» qui serait l'envers du premier Jésus, soit encore en développant et en dramatisant le thème du démon. Une personne qui se laisse prendre conscience de son agressivité n'a pas besoin de s'imaginer que Dieu se prépare à écraser lui-même la personne qui a déclenché cette agressivité, comme Paul semble le faire en Romains 12, 17-19. Une personne en contact avec son désir sexuel n'a pas besoin de s'imaginer qu'elle subit les assauts du «Malin». C'est pourquoi l'approche éthique de Jésus apparaît supérieure à cette seconde approche. Nous allons y revenir brièvement.

---

88. Sanford, *Jesus...*, p. 16.

Avec l'image de l'arbre et des fruits, Jésus invite à se centrer sur les phénomènes intrapersonnels, qu'il juge déterminants par rapport à la dynamique interpersonnelle. Il revient ailleurs pour dire qu'il est « insensé » de se centrer sur les comportements si l'on néglige l'aspect intrapersonnel. « Vous, les pharisiens, c'est l'extérieur de la coupe et du plat que vous purifiez, mais votre intérieur est rempli de rapacité et de méchanceté. Insensés ! Est-ce que celui qui a fait l'extérieur n'a pas fait aussi l'intérieur ? Donnez plutôt en aumône ce qui est dedans, et alors tout sera pur pour vous. » (Lc 11, 39-41)

On pourrait traduire ainsi : vous vous centrez sur les bons comportements à poser, et sur les mauvais comportements à éviter, mais vous n'y arriverez pas tant que vous n'aurez pas exploré ce qui se passe en vous. Votre affectivité est remplie de blocages et de tensions, de peurs et de répressions. Centrez-vous d'abord là-dessus, et par la suite, vous n'aurez plus de difficultés avec vos comportements. En d'autres mots, « Examine donc si la lumière qui est en toi n'est pas ténèbres » (Lc 11, 35).

Trois niveaux de fonctionnement

Est-il possible d'aller plus loin et de se demander comment on peut faire la lumière sur un « intérieur enténébré » ? Pour ce faire, il faut introduire une distinction fondamentale en psychologie, à savoir la distinction entre le niveau cognitif, le niveau affectif et le niveau du comportement. Cette distinction permet de serrer d'un peu plus près un fonctionnement partiellement bloqué ou partiellement aveugle (dans les ténèbres). Le fonctionnement optimal, en effet, est atteint lorsque le sujet maintient ces trois niveaux en interaction constante en étant ouvert à chacun d'entre eux, alors qu'un fonctionnement appauvri ou inadéquat survient lorsque le sujet freine plus ou moins le flot d'informations qui circule à chacun de ces niveaux.

Étant donné que l'apôtre Paul utilise abondamment cette approche des trois niveaux de fonctionnement de la personne humaine et que ses développements sur le sujet apparaissent fort importants, nous regarderons cette question d'un plus près, en nous aidant d'un exemple. Mais reprenons d'abord la distinction des niveaux, en utilisant un concept central dans la psychologie rogérienne, à savoir le concept de congruence.

Dans sa pratique clinique d'abord et dans sa réflexion théorique ensuite, Carl Rogers s'est intéressé de près à la correspondance ou à l'écart pouvant exister entre le vécu actuel du sujet et la saisie consciente ou la symbolisation que celui-ci peut en faire, par son langage corporel, ses concepts et les images qui lui viennent à l'esprit. Pour définir cette correspondance, Rogers a inventé le terme de congruence, et pour définir cet écart, il a utilisé le terme d'incongruence.

Cette congruence peut s'établir à chacun des trois niveaux de fonctionnement mentionnés plus haut.

Au niveau *affectif* : ouverture complète à ce qui se passe à l'intérieur de soi, de sorte qu'aucune émotion n'est niée ou déformée, et que le sujet la symbolise correctement (par un concept, un geste ou une image).

Au niveau *cognitif* : correspondance complète entre les émotions que le sujet éprouve et l'idée qu'il se fait de lui-même *(self-concept).*

Au niveau du *comportement* : correspondance complète entre les émotions que le sujet éprouve dans une situation donnée, l'idée qu'il se fait de lui-même dans cette situation, et les actes qu'il pose dans cette même situation.

Un exemple va nous permettre de nous familiariser avec ces concepts.

a)   Un Noir sonne à ma porte pour visiter un de mes logements qui est à louer. Après un moment d'hésitation, je me souviens vaguement qu'un des visiteurs qui l'ont précédé ne m'a pas donné de réponse définitive. Je dis sèchement à mon visiteur que le logement n'est plus libre. Celui-ci me répond : «Est-ce la couleur de ma peau qui vous fait peur ?» Je réplique, un peu piqué : «Ça n'a rien à voir avec ça. Ce n'est pas mon problème si vous vous sentez persécuté.» En refermant la porte, je ressens un certain malaise, et je m'efforce d'oublier l'incident.

Je suis ici en état *d'incongruence émotive,* car j'ignore, je nie ou je déforme l'émotion que j'éprouve, et qui est en l'occurrence un sentiment de répulsion face à mon interlocuteur.

b) Quinze minutes plus tard, je repense à l'incident et je me dis : « Il y a quelque chose qui ne me revenait pas chez ce type-là. » Ayant procédé par élimination (façon de se présenter, tenue vestimentaire, etc.), il me reste seulement la couleur de sa peau, et je réalise que c'est ce facteur qui m'a enlevé le goût de l'avoir comme locataire et voisin.

J'ai atteint la congruence émotive. En soi, cette démarche devrait m'amener à me sentir mieux, mais dans le cas présent, elle m'amène plutôt à ressentir l'opposition entre ce sentiment de répulsion face à un Noir, et l'image que je me fais de moi comme étant un homme ouvert et sans préjugés raciaux. Je suis alors dans une situation d'*incongruence cognitive,* dont je pourrai sortir de deux façons.

D'abord, en niant la contradiction entre le sentiment que j'ai éprouvé et l'image que je me fais de moi comme n'éprouvant pas ce genre de sentiment-là. Je pourrai dire : « Une fois n'est pas coutume », « Ce n'est pas vraiment de la discrimination », etc.

Je puis aussi accéder à la congruence cognitive en modifiant l'image que je me fais de moi-même, et en admettant que je suis une personne qui pratique la discrimination raciale, au moins à l'occasion. Cette démarche est difficile, parce que toute modification du *self-concept* dans une direction que le sujet affecte d'un coefficient négatif soulève normalement de fortes résistances de sa part (négations, reformulations, rationalisations...).

c) Dans le cas présent, cette démarche peut me faire entrer en état d'*incongruence comportementale,* le jour où je serai amené à faire des gestes qui m'apparaîtront en contradiction soit avec mes valeurs ou mes émotions, soit avec les nouvelles informations que j'ai intégrées à mon *self-concept* (comme étant quelqu'un porté à la discrimination raciale).

On sollicite ma signature pour une pétition dénonçant un employeur qui a refusé d'embaucher un Noir. Normalement, un tel exemple de discrimination aurait pour effet de m'indigner fortement. Non seulement je signerais la pétition, mais j'irais même jusqu'à proposer d'organiser une manifestation devant la résidence de cet employeur au comportement scandaleux. Si j'agissais ainsi, mon épouse qui a été témoin de la visite du Noir à la maison soulignerait à sa façon mon incongruence comportementale : «Faites ce que je dis, et non ce que je fais!», «Beau parleur, petit faiseur...»

Ainsi, dans notre exemple, je vivrai probablement de l'incongruence quoi que je fasse, soit en m'abstenant d'agir alors que mes valeurs m'amènent à m'opposer à la discrimination, soit en agissant alors que je suis conscient de pratiquer moi-même ce que je dénonce.

Si je me laisse interpeller par toute cette aventure, j'évoluerai normalement de la façon suivante. Confronté de nouveau à une situation analogue,

● je disposerai d'informations plus exactes sur ce que je suis (c'est-à-dire une personne susceptible d'éprouver un sentiment de recul en présence d'un Noir) ;

● cette information me permettra de laisser monter davantage à ma conscience ce sentiment de recul, lorsque je l'éprouverai ;

● la conscience plus claire de cette émotion me permettra de l'identifier comme un des facteurs en cause dans la situation, plutôt que d'agir confusément à partir de ce seul facteur : *J'ai peur des Noirs sans le savoir et je me ferme complètement sans m'en rendre compte. Voici un Noir d'apparence honnête qui veut devenir mon locataire, moi qui privilégie l'ouverture aux autres et l'égalité des hommes, sans pour autant être libéré de tout préjugé.* Je veux faire un pas en avant mais sans nier mon sentiment de recul. Je dis : «Monsieur, vous avez probablement droit à ce logement, mais je suis un peu méfiant avec les gens qui sont différents de moi. Ça m'aiderait beaucoup si vous pouviez me fournir des références sur vos qualités de locataire...»

Cette dernière réaction atteint les trois niveaux de congruence :

• j'identifie mon sentiment de répulsion et je vais même jusqu'à l'exprimer assez clairement (congruence émotive) ;

• j'agis en tenant compte de ce sentiment : mon sentiment de méfiance provoque en moi le besoin d'être rassuré, ce que je fais en demandant des références (congruence comportementale) ;

• Cette réaction affective et ce comportement cadrent bien avec l'idée que je me fais de moi (j'ai encore des préjugés), tout en cadrant aussi avec mes valeurs (je veux devenir de plus en plus ouvert et juste) (congruence cognitive).

En guise de conclusion, on peut retenir le fait que c'est l'attitude d'accueil ou au contraire de fermeture, qui fait la différence entre la congruence et l'incongruence, entre la personnalité qui s'enrichit sans cesse et poursuit sa croissance, et la personnalité qui se ferme en partie à la réalité extérieure et intérieure et qui, dans cette mesure, tourne en rond.

Il y a en effet un lien direct entre congruence et croissance d'une part, et incongruence et arrêt de la croissance de l'autre. Quel que soit le niveau où je me situe, en effet, une attitude d'accueil me met en contact avec la nouveauté, et si mes trois niveaux de fonctionnement sont ouverts les uns aux autres, je suis en mesure d'intégrer cette nouveauté. Or, on peut appeler croissance personnelle l'expérience d'un changement *intégré*.

Selon Lonergan, le phénomène de la congruence serait aussi au cœur de la morale d'Aristote. Pour ce dernier, l'acte moral (qu'il appelle l'acte vertueux) exige la correspondance étroite entre le comportement extérieur et l'état intérieur de celui qui le pose.[89] L'approche d'Aristote en matière d'éthique rejoindrait alors l'exigence d'intégration dont il est question ici.

---

89. B. Lonergan, *Pour une méthode en théologie*, Montréal, Fides, 1978, (© 1972), p. 56.

La congruence dans les épîtres de Paul

Voici à ce propos quelques passages des écrits de Paul. Il écrit aux chrétiens de Rome : «Que le renouvellement de votre intelligence vous transforme et vous fasse discerner quelle est la volonté de Dieu.» (Rm 12, 2). On retrouve ici nos trois niveaux ainsi que le processus d'interaction entre eux. Ce que Paul affirme, c'est que le fait de changer de façon de voir (niveau cognitif) exerce un impact intérieur, transforme à proprement parler l'affectivité (niveau affectif), et que ce phénomène prépare à l'action, aide à discerner ce qu'il faut faire dans la situation présente (niveau du comportement).

Dans ce passage, le processus de changement a été amorcé au niveau cognitif. C'est l'annonce de la résurrection de Jésus qui fait démarrer le processus de changement (la conversion) chez les chrétiens de Rome. Ailleurs, le processus peut être amorcé au niveau affectif. Paul écrit que l'endurcissement du cœur, le blocage de l'affectivité, exerce un impact négatif sur le niveau cognitif, car le fonctionnement cognitif s'en trouve alors réduit. Ce phénomène entraîne comme conséquence que le sens moral s'en trouve émoussé. J'assimile ici le sens moral au niveau du comportement, car le sens moral consiste à discerner les comportements qu'il faut émettre dans la situation présente.

Dans ce passage de la *Lettre aux Éphésiens,* Paul parle des païens, c'est-à-dire des personnes qui n'évoluent pas dans l'obéissance de la foi, c'est-à-dire encore dans une dynamique de docilité aux appels de leur cœur. Paul dira d'eux : ce sont des gens qui sont «devenus étrangers à la vie de Dieu à cause de l'ignorance (niveau cognitif) qu'a entraînée chez eux l'endurcissement de leur cœur (niveau affectif), et, leur sens moral une fois émoussé (niveau du comportement)...» (Ép 4, 18-19).

Dans sa *Lettre aux Philippiens,* Paul écrit : «Que votre amour abonde encore et, de plus en plus, en clairvoyance et en parfaite sensibilité pour discerner ce qui convient le mieux.» (Ph 1, 9-10). Ici encore, les trois niveaux sont en interaction : l'amour (niveau affectif) entraîne la clairvoyance (niveau cognitif), clairvoyance qui facilite le discernement pour l'action concrète (niveau du comportement).

Voici enfin, en guise de dernière illustration, un passage de la lettre aux Hébreux, où l'auteur définit l'obéissance comme le fait d'«avoir, par la pratique, les sens exercés à discerner ce qui est bon et ce qui est mauvais». Ici encore, on peut retrouver les trois niveaux : le niveau de la «pratique» (niveau du comportement), le niveau des «sens» (niveau affectif), et le niveau du «discernement» (niveau cognitif).

Ce passage est capital. L'auteur vient de faire un développement sur la croissance de Jésus, qu'il assimile à un apprentissage laborieux de l'obéissance. «Tout Fils qu'il était, il apprit par ses souffrances l'obéissance», ce qui a eu pour effet de l'amener «jusqu'à son propre accomplissement».

Mais l'obéissance dont il est question ici n'a rien de formel. Il ne s'agissait pas pour Jésus de plier sa volonté à une loi ou à des normes extérieures. L'obéissance est ici mise en relation avec la docilité intérieure; il s'agit d'une attitude de détente intérieure qui rend disponible à ce qui peut émerger. Et «sur ce sujet» (le cheminement de Jésus) l'auteur estime que les chrétiens hébreux auxquels il écrit ont encore beaucoup de progrès à faire. L'auteur ne peut leur parler franchement car ils ne sont pas ouverts, ils ne sont pas vraiment en contact avec leur expérience personnelle et, dès lors, ils ne peuvent pas réagir d'une façon éclairée à ce qu'on pourrait leur proposer. L'auteur les compare en cela à des bébés, car un bébé «ne peut suivre un raisonnement sur ce qui est juste», étant donné qu'il n'a pas d'expérience. À ces personnes qui n'ont pas d'expérience ou qui ne sont pas en contact avec elle, l'auteur oppose les «adultes», c'est-à-dire les personnes qui justement, ont une expérience, une «pratique», les personnes qui se laissent instruire par leurs émotions, et qui sont donc en mesure de discerner elles-mêmes ce qui leur convient et ce qui ne leur convient pas.

Congruence, obéissance et «Esprit Saint»

La docilité chrétienne, l'obéissance, rejoignent donc les textes de Paul sur la croissance spirituelle, ainsi que les développements de Rogers sur la congruence. Grandir, c'est être ouvert à ce qui se passe autour de soi et au-dedans de soi, c'est accepter fraternellement sa réalité personnelle et faire confiance à la vie à l'œuvre dans ce processus vital d'interaction entre les différentes dimensions de sa personnalité.

Le langage religieux vise habituellement à dégager le *pourquoi* des choses, la signification globale et ultime des événements. À l'opposé, le langage des sciences humaines cherche à dégager le *comment* des choses, le fonctionnement des phénomènes. Le langage psychologique est donc plus opératoire que le langage religieux. Mais lorsque le pasteur ou l'éthicien entreprennent non plus de définir les objectifs ultimes de la conduite, mais de préciser ses modalités, ils se retrouvent alors côte à côte avec ceux des psychologues qui se préoccupent comme eux de la croissance et de l'épanouissement de la personne humaine.

Ce phénomène s'est vérifié ici, alors que l'on a rapproché certaines intuitions de fond de la psychologie perceptuelle d'une part, et les invitations de Paul à la croissance d'autre part. Ce rapprochement permet de dégager la visée de la morale judéo-chrétienne, qui consiste non pas à se conformer à des lois multiples et écrasantes comme dans le rabbinisme du temps de Jésus, non pas à maîtriser ses émotions comme une certaine morale catholique et une certaine approche freudienne le demandent, mais à laisser avec confiance le processus vital se déployer en soi.

15

THOMAS D'AQUIN ET LES
PSYCHOLOGUES EXISTENTIALISTES

Dans les pages qui suivent, j'aimerais reprendre certains concepts clés en philosophie ou en psychologie, et dégager quelques points de contact entre la pensée de Thomas d'Aquin et celle des psychologues existentialistes. Cette démarche devrait permettre de clarifier certaines questions dans notre réflexion sur le fonctionnement de la personne humaine et sur l'éthique.

L'ambiguïté d'un principe

Entendue par des oreilles contemporaines, la proposition «agis en conformité avec ce que tu es» a bien des chances d'être comprise dans le sens suivant: sois toi-même, sois fidèle à ce que tu ressens en toi présentement, que ton comportement soit en accord avec ce que tu vis au fond de toi. L'éthique de l'authenticité évoquée ici apparaît plutôt centrée sur la subjectivité de la personne humaine, et elle peut se trouver assez spontanément associée à la recherche de congruence, dans la pensée de Carl Rogers et de ses disciples.

Dans les oreilles du philosophe qui vivait au treizième siècle, la même proposition mènerait à une compréhension bien différente. «Ce que tu es» renverrait non pas à la subjectivité de la personne, mais à l'objectivité de sa nature humaine. Il faudrait alors entendre: «agis en correspondance avec ta nature, agis en conformité avec les exigences spécifiques de ton être; au-delà du plaisir immédiat, tout n'est pas également bon pour toi, que tes comportements respectent la loi naturelle selon laquelle tu es fait».

Il y a donc un fossé entre ces deux façons de comprendre le processus de croissance humaine ou en d'autres mots, le fondement du processus éthique. On pourrait simplifier en parlant d'affrontement entre une approche subjective et une approche objective, entre l'approche *existentialiste* (sois ce que tu deviens) et l'approche *essentialiste* (deviens ce que tu es).

De la boule de Plasticine à la loi naturelle

Sur ce point, la pensée de plusieurs psychologues dits «existentialistes» a sensiblement évolué depuis une quinzaine d'années. Carl Rogers, en qui plusieurs voyaient le champion de la subjectivité, affirme: «Plus nous allons profondément à l'intérieur de nous-mêmes en tant que particuliers et uniques, à la recherche de notre identité propre et individuelle, plus nous rencontrons l'espèce humaine dans son ensemble.[90] Plus je me fais attentif à ma réalité profonde, plus je découvre la dimension universelle de cette réalité...

D'une façon plus globale, les observations des psychologues convergent massivement dans cette direction. Étudiant la croissance psychosociale, Erikson dégage huit stades successifs qu'il dit universels.[91] Étudiant le développement de l'intelligence, Piaget «découvre», lui aussi, des stades universels. Investiguant la croissance morale, Kohlberg revit la même aventure: il y a six stades identiques pour tous, indépendamment des cultures et des milieux.[92] Reprenant les concepts freudiens courants, Lowen présente pour sa part cinq étapes normales

90. Cité par A. Maslow, «Some Educational Implications of the Humanistic Psychologies», in *Harvard Educational Review*, Vol. 38, n° 4, 1968, p. 690.
91. E. Erikson, *Identity, Youth and Crisis*, New York, Norton 1968, pp. 91-141.
92. L. Kohlberg, «Moral Stages and Moralization. The Cognitive-Developmental Approach», dans *Moral Development and Behavior, Theory, Research and Social Issues*, Thomas Lickona Editor, Holt, Rinehart and Winston, pp. 31-53.

dans le développement de toute personnalité saine.[93] Explorant le phénomène de la motivation, enfin, Maslow aboutit à l'émergence successive de quatre ordres de besoins fondamentaux dans une séquence qu'il affirme, lui aussi, universelle[94]...

Cela commence à faire beaucoup de structures objectives et universelles, pour une personne humaine souveraine dans sa subjectivité! Ces théories apparaissent ainsi comme autant de passerelles jetées au-dessus du fossé évoqué plus haut entre la subjectivité et l'objectivité. La sagesse ancienne disait: *natura non saltus facit,* la nature ne fait pas de sauts. Les psychologues, psychanalyste et psychiatre mentionnés plus haut s'entendent tous là-dessus: impossible de sauter par-dessus une étape objective de la croissance. Si une étape n'est pas franchie avec succès, il manque quelque chose, et la croissance du sujet s'en trouve freinée.

Maslow exprime bien cette jonction entre subjectivité et objectivité lorsqu'il écrit: «Parler d'actualisation de soi implique qu'il y ait un soi à actualiser. Un être humain n'est pas une table rase, une boule d'argile ou de Plasticine. Il est quelque chose qui est déjà là, au moins une espèce de structure 'cartilagineuse'[95]...»

L'accord avec Thomas d'Aquin

La réflexion de Maslow que je viens de citer nous mène au seuil de la réflexion éthique: agir humainement, c'est se faire attentif à ce «qui est déjà là», à cette structure qui est déjà appel. Nous nous retrouvons alors en plein dans la perspective de Thomas d'Aquin, pour qui agir moralement consiste à actualiser sa nature. Maslow écrira dans ce sens: les valeurs sont «découvertes *(uncovered)* autant que créées ou construites, elles sont intrinsèques dans la structure de la nature humaine elle-

---

93. A. Lowen, *La Bioénergie*, Montréal, Éditions du Jour, 1977 (© 1970), pp. 133-154.
94. A. Maslow, *Motivation and Personality*, New York, Harper and Row, 1970 (© 1954), pp. 35-58.
95. A. Maslow, *The Farther...*, p. 44.

même», ce qui a pour effet de le placer «en complet désaccord avec Sartre[96]».

Pour les psychologues mentionnés plus haut, l'être humain poursuit sa croissance en s'engageant obligatoirement dans chacune des étapes spécifiques de son développement, fût-ce sans le savoir. Des années avant que ces psychologues ne publient le résultat de leurs recherches, Plé écrivait que pour Thomas d'Aquin, «l'obligation morale, c'est l'exigence interne du développement de l'homme, selon ce qu'il a de spécifique[97]». Est humanisant — nous dirions aujourd'hui «actualisant» — et donc moral, le comportement qui est en accord avec ce qui est demandé par la structure de mon être. Est actualisante — et donc morale — la façon de vivre qui permet à mon être de se réaliser; Thomas d'Aquin dirait : ce qui permet à ma nature de passer de la puissance à l'acte.

Maslow fait bien ressortir la nature de cette requête éthique fondamentale lorsqu'il écrit : «Il y a un soi *(a self)*, et ce que j'ai parfois évoqué par l'expression 'se mettre à l'écoute de ses voix impulsives' signifie laisser le soi émerger. La plupart du temps, la plupart d'entre nous ne nous écoutons pas nous-mêmes, mais nous écoutons la voix introjectée de Maman, de Papa, de l'Establishment, des Aînés, de l'Autorité ou de la Tradition.[98]»

Les exigences de la croissance

Thomas d'Aquin s'entendrait probablement avec Maslow et ses collègues pour dire que les structures essentielles de la nature humaine peuvent être connues par l'observation empirique, et que ces structures sont relativement normatives pour l'agir. Il faut agir en fonction des exigences de sa croissance.

Les étapes identifiées par les psychologues permettent de discerner globalement dans quelle direction un

---

96. Maslow, *Toward...*, p. 167.
97. A. Plé, «L'acte moral et la «pseudo-morale» de l'inconscient», dans *Supplément de la Vie Spirituelle*, Tome X, n° 40, premier trimestre 1957, p. 27.
98. Maslow, *The Farther...*, p. 44.

individu donné doit se mouvoir s'il veut continuer à progresser dans sa croissance. Prenons l'exemple d'un sujet qui se trouve au seuil de l'étape de l'estime de soi, dans l'échelle des besoins de Maslow. Cet individu doit s'engager dans des activités qui auront pour effet de mettre en place les bases de sa confiance en lui-même, de son sentiment d'être personnellement compétent et socialement apprécié. Sera alors perçue comme actualisante une façon d'agir qui permettra au sujet de s'approcher de cet objectif, et comme non actualisante une façon d'agir qui empêchera l'individu de s'approcher de ces objectifs (par exemple, par la peur de prendre des risques et de relever des défis).

Ce qui est évalué par le psychologue, c'est donc un ensemble de comportements, un style global, plutôt que des actes discontinus pris un à un. Non seulement ce qui est évalué demeure global (ce qui n'empêcherait pas un thérapeute de travailler sur des échantillons de comportement très précis), mais le critère d'évaluation demeure lui aussi global : est-ce que ce style de fonctionnement apparaît de nature à rapprocher ou à éloigner le sujet de l'objectif global auquel il se trouve présentement confronté (par exemple, acquérir le respect d'autrui, s'engager dans des relations d'intimité, juger les situations à partir du point de vue d'autrui, etc.) ?

L'acte moral doit-il être raisonnable ?

À la différence des psychologues, il semble que Thomas d'Aquin tente d'évaluer des échantillons de comportement beaucoup plus limités (les « actes » humains), et qu'il mène cette évaluation à partir d'un critère beaucoup plus précis (ce qu'il appelle la raison). Est humanisant — et donc moral — un acte qui est raisonnable. Mais qu'est-ce qu'un acte « raisonnable » ?

Cette question soulève une ambiguïté sérieuse. Prenons le passage suivant de Thomas d'Aquin : « Il faut appeler profondément humaines les seules actions dont l'homme est le maître. Mais c'est par sa raison et sa volonté que l'homme est le maître de ses actes.[99]» Voici ce qu'il faut entendre par «raison», selon Plé: «L'intelligence humaine (...) ne connaît avec toute la certitude et la clarté dont elle est capable qu'au terme du travail difficile de l'abstraction et du raisonnement. Cette forme de l'intelligence propre à l'homme s'appelle la raison.[100]» Quant à la volonté, Plé affirme au même endroit qu'elle consiste finalement «à aimer ce qui est connu par l'intelligence rationnelle».

Il s'ensuit qu'un acte est moral quand le sujet peut le raisonner et qu'il possède sur lui un contrôle direct. Or, c'est précisément à ce propos qu'il était question plus haut d'ambiguïté.

On pourrait en effet trouver une multitude d'exemples d'actes déraisonnables ou inexplicables qui proviennent de beaucoup plus profond que du moi conscient et raisonneur. «Par la foi, Abraham obéit à l'appel de partir (...), il partit ne sachant où il allait.» (He 11, 8). On peut objecter que la Bible a spiritualisé après coup l'expérience de nomadisme d'un ancêtre quelque peu mythique. Peut-être. Mais des multitudes de croyants se sont reconnus dans cette expérience qui a peu à voir avec la maîtrise de l'intelligence rationnelle. Quelqu'un sent qu'il doit agir contre sa raison et il le fait. Est-ce pour autant immoral? Prenons un exemple plus près de nous.

Le pilote d'un avion à réaction transportant cinquante-deux personnes raconte l'aventure suivante. Aussitôt après le décollage, il s'aperçut que les commandes de son appareil n'obéissaient plus. «Je me rendis compte tout d'un coup avec horreur que nous étions perdus. Une vision d'épouvante me traversa l'esprit: l'avion allait décrocher, virer à gauche et piquer à la verticale, en traversant les nuages pour plonger dans la mer.» C'est alors qu'il se passa quelque chose de très significatif. «Le commandant tira d'un coup sec sur les régulateurs de gaz, ce qui eut pour effet de réduire la force motrice. De la part d'un pilote, cette décision paraissait insensée:

99. Thomas d'Aquin, la IIae, q. 1, a.1c, cité par Plé, *L'acte moral...*, p. 29.
100. Plé, *L'acte moral...*, p. 30.

elle allait entraîner une perte de vitesse encore plus pé-
rilleuse. Mais, comme le dit le pilote, 'C'est dans des
moments pareils qu'on cesse d'être logique : on agit, et
vite !' La manœuvre réussit. [101] »

Une présentation déformante

Il est toujours risqué d'entreprendre de synthétiser la
pensée d'un auteur qui a écrit des milliers de pages,
même si ce résumé ne doit porter que sur un point
précis. C'est ce que fait Plé dans l'article évoqué ici, où
il affirme vouloir « esquisser la silhouette de l'acte moral
selon Thomas d'Aquin [102] ». Dans son texte de quarante-
cinq pages, je rencontre fréquemment les termes d'intelligence, de raison, d'actes raisonnables, d'intelligence
rationnelle, de contrôle, de pouvoir, de maîtrise. Mais je
ne vois aucune mention des dons du Saint-Esprit, et
— sauf erreur — je ne rencontre qu'une fois son équivalent d'« instinct intérieur » et ce, dans un bref préambule
de type apologétique qui n'a pas de répercussions sur la
suite du texte.

Et pourtant, Thomas d'Aquin a longuement parlé des
dons du Saint-Esprit, et il en a justement parlé dans cette
partie de son œuvre à laquelle Plé se réfère, et il en a justement parlé pour dire qu'ils constituaient la *perfection*
de l'acte moral. Pour Thomas d'Aquin, ce qui constitue
la perfection de l'acte moral, ce n'est pas qu'il soit raisonnable ou volontaire, mais c'est spécifiquement le fait
qu'il soit accordé à cet « instinct intérieur », à ces « touches instinctives » qui émergent du fond de l'être si l'on
sait s'y rendre attentif.

Je sens que la pensée pénétrante et ouverte de
Thomas d'Aquin sur le fonctionnement de la personne
humaine et sur le fondement de l'exigence éthique se
trouve fréquemment déformée par ses commentateurs.

---

101. W. Carley, « Le vol 1080 frôle la catastrophe », condensé de
« The Wall Street Journal », 2 octobre 1978, paru dans *Sélec-
tion du Readers Digest*, février 1979, pp. 93-96.
102. Plé, *L'acte moral...*, p. 25.

La raison de ce fait serait probablement à chercher, une fois de plus, dans le culte de la tête et la méfiance des émotions. Je ne me sens aucune mission pour réhabiliter le thomisme, mais j'émets l'hypothèse que la pensée de Thomas d'Aquin possède plusieurs points de contact avec les recherches scientifiques actuelles sur la croissance, notamment les suivants :

- *La théorie de l'actualisation de soi* (le passage de la puissance à l'acte) ;

- *les étapes de la croissance* (le concept d'une nature humaine spécifique, objective et universelle) ;

- *les exigences de la croissance* (l'obligation morale d'agir à partir de sa nature) ;

- *la complémentarité de la raison et de l'intuition* (des actes « raisonnés » et des actes « inspirés », des « vertus » et des « dons ») ;

- *la supériorité du fonctionnement intégré par rapport au fonctionnement partiel ou coupé* (le concept de connection des vertus) ;

- *le plaisir rattaché au fonctionnement intégré* (saint Thomas fait du plaisir de celui qui agit bien le critère ultime du comportement vertueux) ;

- *la liberté de la spontanéité* (qui correspondrait au vrai sens thomiste de la « maîtrise » des actes).

Les représentants du courant existentialiste en psychologie ne sont pas anti-intellectuels. Des hommes comme Maslow et Lowen ont beaucoup lu et beaucoup réfléchi. Ils ont donné de nombreuses communications scientifiques et publié plusieurs volumes. Pareillement, il y a une place, dans leur pensée, pour la maîtrise et la liberté. Pour Lowen, par exemple, c'est initialement la maîtrise de ses impulsions qui permet à l'enfant de découvrir son environnement et de réfléchir posément sur le bon comportement à adopter. Faute de maîtrise de soi et de réflexion sensée, l'enfant se condamnerait à continuer à réagir à ses frustrations d'une façon dépassée, comme en pleurant ou en frappant du pied plutôt qu'en agissant sur la cause de la frustration.[103] Quant à Maslow, il évoque les nombreuses situations quotidiennes où nous nous retrouvons face à des choix inévitables: vais-je préférer mon confort et opter pour l'inertie et la sécurité, ou préférer la croissance et prendre le risque de l'erreur et de la souffrance?[104]

Lowen, Maslow et leurs collègues n'évacuent ni l'intelligence, ni la maîtrise de soi, ni la liberté. S'ils s'en prennent à la soi-disant suprématie de la raison, c'est qu'ils n'acceptent pas que la raison soit conscrite par le moi dans sa lutte contre l'instinct. Ces psychologues, en effet, veulent réhabiliter cet instinct qu'ils assimilent à la sagesse profonde de l'organisme, cet instinct que Thomas d'Aquin appelait «l'instinct intérieur» dans lequel il voyait une manifestation de la présence et de l'action de l'Esprit Saint.

De la sorte, le critère fondamental de l'agir moral ne se trouve pas dans la spontanéité absolue. Il y a des situations où l'on n'est pas prêt à agir, et où la spontanéité serait alors impulsivité. Dans de telles situations, il s'agit de se faire plus attentif à ses résistances, de les explorer et de se laisser instruire par elles. Mais en revanche, le critère fondamental de l'agir moral ne se trouve pas non plus dans le fait que tout acte doive être réfléchi et raisonnable. Il y a des situations où la vie précède la pensée logique, où ce n'est qu'après coup que l'on comprend pourquoi il fallait agir comme on l'a fait.

Le critère fondamental de l'agir moral est à trouver dans la docilité qui est en même temps vigilance. La tradition judéo-chrétienne désigne cette docilité vigilante du nom d'obéissance à Dieu (ou de docilité à l'Esprit), tandis que les psychologues existentialistes parleront plus volontiers de contact avec son organisme, de fonctionnement intégré ou congruent.

Dans les deux cas, il s'agit d'être «accordé», c'est-à-dire de ne faire qu'un cœur avec le cœur de Dieu (sur le registre religieux), ou d'être accordé *(attuned)* avec la totalité de soi-même (sur le registre psychologique). Cet

---

103. A. Lowen, *Pleasure, A Creative Approach to Life*, Penguin Books, 1975 (© 1970), pp. 148-49.
104. Maslow, *The Farther...*, p. 44.

« accord » existentiel se fait parfois spontanément, et il se fait parfois au terme d'une démarche laborieuse.

Dans une discussion sur la nature du fonctionnement humain, je ne suis pas sûr que Thomas d'Aquin et les psychologues existentialistes se retrouveraient dans des camps opposés, bien que je ne puisse en dire autant de tous les « thomistes » qui ont suivi.

16

DIRIGER OU AIDER : UNE ALTERNATIVE FONDAMENTALE

Les pistes qui ont été explorées dans les chapitres précédents convergent vers une conclusion commune : l'être humain possède en lui tout ce dont il a besoin pour s'orienter dans son existence d'une façon féconde. Cette conclusion oblige à un réajustement en ce qui a trait au rôle de la religion en regard de ce cheminement.

Dans l'approche dégagée jusqu'ici, en effet, la personne humaine n'évolue pas en se faisant transmettre un ensemble de dogmes et de préceptes, en se faisant dire comment penser et comment agir. Tout ce dont elle peut avoir besoin, c'est de se faire accompagner et stimuler dans la découverte et la mise en œuvre de ses ressources intérieures. Dans cette perspective, la religion n'apparaît plus comme un contenu à transmettre, comme un système moral et dogmatique auquel il faudrait initier à tout prix des adeptes de plus en plus nombreux.

Concrètement, la religion judéo-chrétienne apparaîtra plutôt, alors, comme une riche tradition d'expérience et de sagesse. Elle sera vue comme le témoignage, accumulé pendant trois millénaires, d'hommes et de femmes qui ont trouvé accès au « mystère de Dieu » et qui ont découvert le sens de l'aventure humaine en se mettant à l'écoute d'eux-mêmes. Quant au pasteur, il sera vu comme quelqu'un qui a fréquenté ce trésor et qui est alors en mesure d'en « tirer le neuf et le vieux » (Mt 13, 52) de manière à stimuler dans leur croissance les personnes avec lesquelles il entre en contact.

La façon de concevoir le rôle du pasteur se trouve étroitement associée à la façon de se représenter le cheminement de Jésus (ce que les théologiens appellent la «christologie» implicite ou explicite). C'est pourquoi nous explorerons maintenant le sens du cheminement de Jésus, en distinguant entre la christologie traditionnelle et la christologie émergente.

La christologie traditionnelle

Jusqu'à un passé récent, la christologie qui a dominé l'enseignement religieux et la prédication chrétienne présentait volontiers Jésus comme un prêtre, un prédicateur et un législateur, voire un gouvernant. Jésus était le prêtre des prêtres, le grand prêtre, il avait exercé un ministère, promulgué une loi qui, pour être nouvelle, n'en demeurait pas moins une loi. De plus, Jésus avait prêché, enseigné, et ce, d'une façon tellement systématique que le contenu de ses enseignements allait devenir par la suite un corps de doctrine fortement structuré. De plus, Jésus avait été un organisateur. Il avait organisé une religion très institutionnalisée et institué sept rites fondamentaux à la base de cette institution. Enfin, on se représentait volontiers Jésus comme un gouvernant supra-mondial, comme un roi qui aspirait à régner sur tous les pays et toutes les sociétés.

En résumé, selon cette christologie, Jésus a transmis des enseignements et des lois à l'intérieur d'un ministère qu'il a organisé. À partir de cette lecture de l'événement-Jésus, il est facile de comprendre le genre de pratique pastorale que l'on en déduisait. Les pasteurs devaient évoluer à l'intérieur d'un ministère fortement formalisé, où prédominait l'activité de transmission d'un contenu qui s'avérait directement normatif pour les personnes ainsi «enseignées». À l'intérieur de cette christologie, l'identité du pasteur consistait donc à être une émanation ou un prolongement de l'«église enseignante», et la modalité fondamentale de son intervention pastorale consistait dans la transmission du dogme et de la morale. Pour de tels agents pastoraux, prêcher la «parole de Dieu» revenait en pratique à étendre l'église, et étendre l'église revenait en pratique à enseigner aux gens comment penser et comment agir.

Une telle approche accordait donc aux agents pastoraux un énorme contrôle sur la conscience et le comportement des gens. C'est ainsi par exemple qu'un auteur très influent décrivait de la façon suivante les différents rôles du «directeur spirituel»: «*discerner* ce qui convient à chacun de leurs dirigés, connaître leurs défauts et *choisir* les meilleurs moyens de les réformer, *décider* des vocations et *conduire* chaque âme au degré de perfection ou au genre de vie auquel elle est appelée.[105]» Ce livre date de 1923, mais il a connu au moins huit rééditions et celle dont je dispose ne remonte qu'à 1951. C'est avec ce volume qu'on a formé des générations de «directeurs spirituels» au Québec.

La pensée théologique et la sensibilité spirituelle actuelles sont en profonde rupture avec une telle christologie et une telle conception de l'agir pastoral et de la consultation spirituelle. À tel point que le bref rappel que je viens d'en faire risque d'apparaître comme une charge à l'endroit des personnes ayant évolué ou évoluant encore dans un tel cadre de référence.

Mon propos n'est toutefois nullement de caricaturer ou de juger ces personnes, mais uniquement de camper à grands traits une christologie et une théologie pastorale implicites. Il s'agit de mieux saisir la différence entre la relation pastorale conçue comme démarche de *direction spirituelle*, et la relation pastorale conçue comme démarche de *relation d'aide* pastorale.

Dans la différence entre ces deux conceptions de la relation pastorale, il y a donc à la fois deux lectures différentes de l'événement-Jésus, et conséquemment, deux lectures différentes de l'agir pastoral à la suite et sous l'inspiration de Jésus. Dans la logique de la christologie traditionnelle, le pasteur ne peut abandonner ses rôles de prédicateur et d'enseignant, qui sont

---

105. A. Tanquerey, *Précis de théologie ascétique et mystique*, Paris, Desclée, 1951, 9e édition (© 1923), p. 825.

perçus comme constitutifs de son identité de pasteur. Renoncer à transmettre un contenu objectif et norma- tif pour l'agir, c'est rien de moins que renoncer à être un pasteur.

Il n'est donc pas surprenant que les pasteurs évo- luant à l'intérieur de cette christologie traditionnelle perçoivent une approche de type psychologique (se cen- trant sur le support et la facilitation plutôt que sur le contenu chrétien à transmettre) comme foncièrement inconciliable avec leur rôle propre. Le plus loin que ces animateurs pourront aller, c'est de troquer l'appellation de «directeur spirituel» pour celle de «conseiller spiri- tuel», qui apparaît moins contrôlante et plus respec- tueuse de la liberté d'autrui. Mais l'objectif de fond de- meurera toujours le même: favoriser l'accès au contenu de la foi chrétienne, tant en ce qui regarde les choses à croire que les choses à faire ou à éviter.

Une autre approche christologique

Il est temps maintenant de revenir à une autre façon de lire l'événement-Jésus, et par extension, à une autre façon de concevoir l'agir pastoral. Plusieurs travaux ac- tuels en christologie[106] font ressortir le fait que Jésus a pris une grande distance par rapport aux modèles cou- rants dans le monde religieux de son époque. C'est ain- si que Jésus n'était ni prêtre, ni théologien, ni moine. Les modèles qui ressortent, lorsque l'on tente de sai- sir le sens de ses interventions, sont plutôt ceux de pasteur, de sage et de prophète.

En décrivant Jésus comme un *pasteur*, le Nouveau Testament le présente à la fois comme un guide et comme un libérateur. Le rôle de guide pourrait être dé- crit de la façon suivante: le guide détient des connais- sances valides qui peuvent être utilisées par les per-

---

106. Voir par exemple E. Schillebeeckx, «Jésus de Nazareth, le récit d'un vivant», dans *Lumière et Vie*, n° 134, sept.-oct. 1977, pp. 5-45, en particulier ses pages sur l'«éclatement des christologies traditionnelles», et H. Kung, *Être chrétien*, Paris, Seuil, 1978 (© 1974), en particulier les pages 197-238.

sonnes guidées pour mieux répondre à leurs besoins. C'est ainsi que le pasteur connaît où sont situés les bons pâturages, il sait où se trouve la nourriture dont les brebis ont besoin. Son intervention vise donc à mettre les brebis en contact avec cette nourriture ; une fois cette opération réalisée, c'est la brebis qui décide la façon, le rythme, la quantité de nourriture...

En plus d'être un guide, le pasteur est aussi un libérateur, un facilitateur de la démarche de libération. Le facilitateur est centré sur la démarche de croissance de l'aidé, sur l'actualisation de son potentiel, sur la libération de ses énergies. Pareillement, le pasteur-libérateur facilite la «sortie de l'enclos» où la brebis se trouvait paralysée dans sa liberté et sa croissance, afin qu'elle puisse en arriver à «aller et venir» comme elle l'entend, selon ses aspirations propres. (Voir en ce sens la parabole de la sortie de l'enclos utilisée par Jésus en Jn 10 1-10 et le commentaire que j'en fais ailleurs.[107])

Jésus est aussi présenté comme un *sage*. Cette figure se rattache à sa façon de réfléchir sur le sens de l'aventure humaine à partir de l'éclairage de sa tradition spirituelle. Jésus réfléchit sur le sens de la vie, il examine de près les façons de penser et de vivre de ses contemporains. Ensuite, il entreprend d'exprimer le fruit de ces réflexions, de partager avec d'autres — au moyen de paraboles — le sens qu'il dégage de son vécu, de sa réalité ambiante et des questions de fond de l'existence, incluant la question de «Dieu». Par cette façon de «tirer de son trésor le neuf et le vieux» (Mt 13, 52), Jésus se situe directement dans le prolongement de la tradition des sages.

Enfin, Jésus apparaît aussi comme un *prophète*. Ceci, autant par sa façon de se solidariser sans équivoque avec les interventions et la figure même de Jean le Prophète, que par le contenu et le style de ses propres interventions. Jésus commence sa carrière de prophète au moment même où celle du prophète Jean se termine prématurément, et c'est par des allusions nom-

---

107. J.-L. Hétu, *Quelle foi ? Une rencontre entre l'évangile et la psychologie*, Montréal, Leméac, 1978, pp. 69-71.

breuses et claires au sort des prophètes de l'Ancien Testament qu'il évoque sa propre fin prématurée. Jésus confronte, il sensibilise ses contemporains aux implications de leurs façons de voir et de faire, il tente de les renvoyer à leur propre cœur et à leur propre liberté.

Cette différence de fond entre les deux christologies peut se résumer dans les deux façons opposées de se représenter globalement l'itinéraire de Jésus. On peut dire en effet : Jésus a montré à ses contemporains comment penser et comment agir ; il a été à proprement parler un *directeur* qui démêlait le vrai du faux et le permis du défendu, et son autorité est absolue. Mais on peut dire aussi : Jésus a tenté d'arracher ses contemporains aux lois, aux pratiques et aux habitudes qui les emprisonnaient dans l'enclos des institutions, et de les inviter d'une façon pressante à se mettre à l'écoute de leur propre cœur, convaincu qu'ils y rencontreraient Dieu.

Je fais deux réflexions sur cette opposition. Tout d'abord, on pourrait croire qu'il s'agit là d'une fausse opposition, que je durcis d'une façon illégitime deux éléments complémentaires (autorité et liberté) qui, dans l'évangile, seraient organiquement unis. Il ne s'agit pas ici du contenu même de l'évangile, mais des façons d'aborder ce contenu. En effet, avant même de commencer à examiner à leur mérite les textes scripturaires pertinents, certains phénomènes psychologiques sont déjà en œuvre, qu'il convient de serrer de plus près. Partons des positions théologiques et essayons de descendre un peu au plan affectif.

Il existe donc deux façons opposées d'interpréter le cheminement de Jésus, l'une privilégiant le caractère normatif de ses paroles et de ses actions (Jésus-directeur, Jésus centré sur le message normatif), et l'autre privilégiant le caractère libérateur de ces mêmes paroles et actions (Jésus-aidant, Jésus centré sur la démarche de libération d'autrui).

Au plan de la réflexion théologique, on peut tenter de réconcilier ces deux interprétations, faisant valoir par exemple que Jésus dirige, mais pour mieux libérer. Ce thème était cher à certains prédicateurs d'autrefois, qui affirmaient par exemple que c'est en se conformant strictement à la doctrine et à la morale chrétiennes que l'homme pouvait trouver sa vraie liberté. Inversement, on peut souligner que la démarche de libération à laquelle Jésus invite est porteuse d'exigences, et que la personne qui veut se libérer vraiment ne peut pas faire n'importe quoi, d'où la nécessité de tenir compte de certains principes normatifs qui se trouvent déjà dans l'évangile. Ces efforts de réflexion et de clarification théologiques sont nécessaires et souvent utiles, mais ils ne peuvent rien changer au fait qu'il se trouvera toujours des gens pour privilégier soit l'autorité, soit la liberté, lorsqu'ils essaient de dégager le sens global de l'événement-Jésus.

Deuxièmement, ces deux interprétations opposées m'apparaissent antagoniques, c'est-à-dire qu'elles tendent à s'exclure l'une de l'autre. Il peut se faire que je préfère d'emblée le camping d'hiver et que mon voisin soit un grand adepte du camping d'été, sans que cette opposition ne crée de tension entre nous. C'est que nous avons ici des oppositions qui ne s'excluent pas l'une de l'autre : froid-chaud ou environnement exigeant-environnement hospitalier. Cependant, si je suis fédéraliste et que mon voisin est nationaliste, je devrai prévoir des accrochages plus ou moins violents dès que le sujet sera abordé. Il est facile de voir ici que ces positions s'excluent.

Il en va de même avec l'opposition autorité-liberté. Je ne puis accepter la position de mon vis-à-vis sans nier la validité de la mienne, je ne puis m'ouvrir à la sienne sans affaiblir proportionnellement la mienne. C'est pourquoi la cohabitation entre les tenants de ces deux positions est si exigeante et si difficile à assumer.

« Vous n'avez pas besoin qu'on vous enseigne. »

À vrai dire, ces deux christologies reposent elles-mêmes sur deux conceptions opposées de l'être humain. La première voit la personne humaine comme foncièrement faillible, et par conséquent comme devant se soumettre en permanence à l'autorité. Cette vision de la personne humaine, qui insiste sur l'obéissance formelle et qui dramatise la désobéissance, affleure à maints endroits dans les développements juridiques des premiers livres de l'Ancien Testament.

Mais le prophète Jérémie entrevoit un changement de perspective radical allant même jusqu'à opposer formellement à cette vision de la personne humaine une approche tout à fait contraire. Dans cette nouvelle approche, qui oppose l'ancienne alliance à la nouvelle, ce n'est plus la loi extérieure qui prime, mais c'est la conscience individuelle. «Je conclurai une nouvelle alliance (...) différente de l'alliance que j'ai conclue avec leurs pères ... Je déposerai mes directives au fond d'eux-mêmes.» (Jr 31, 31-33).

Dans cette nouvelle conception de la personne humaine, la transgression, la déviance se trouvent fortement dédramatisées: «Leur faute, je n'en parle plus», et la conformité aux directives de l'autorité se trouve, de son côté, considérablement réduite: «Ils ne s'instruiront plus entre compagnons, entre frères, répétant: «Apprenez à connaître le Seigneur.» (Jr 31, 34).

Dans le Nouveau Testament, les écrits johanniques font directement écho à ces «promesses de Dieu», qui se trouvent réalisées en Jésus. Par exemple, la première épître de Jean reprend ce passage de Jérémie: «L'onction que vous avez reçue de Lui demeure en vous et vous n'avez pas besoin qu'on vous enseigne.» (1 Jn 2, 27). Pour sa part, l'auteur de la lettre aux Hébreux citera textuellement ce passage de Jr 31, 31-34, en confirmant que cette situation existe de fait maintenant (He 8, 8-12).

En intuitionnant ces développements à venir, le prophète Isaïe avait pour sa part communiqué cette promesse de Dieu: «Tous les fils seront instruits par Yahvé.» (Is 54, 13). Cette promesse sera reprise elle aussi dans l'évangile de Jean (6, 45).

Selon moi, Jésus s'est clairement situé à l'intérieur de cette seconde approche selon laquelle, dans un premier temps, «Dieu a créé l'homme et l'a laissé à son conseil» (Si 15, 14), et selon laquelle, dans un deuxième temps, Dieu instruit l'homme en passant directement par la voie de son cœur.

Non pas que Jésus relativise l'obéissance absolue face à ce qu'il appelle la volonté de Dieu. Mais pour lui, cette volonté n'est pas contenue dans les lois et les institutions religieuses, contrairement à ce que croyaient les autorités religieuses de son époque ; cette volonté de Dieu est à découvrir à tout instant par le libre discernement de la personne en contact avec son cœur.

Jésus dira ainsi : lorsque votre fils ou votre bœuf tombe dans un trou le jour du Sabbat, vous n'allez pas consulter les moralistes ni les théologiens, mais vous vous reconnaissez spontanément tout à fait compétents pour décider ce qu'il convient de faire. Eh bien ! Ce sentiment de compétence et de liberté, conservez-le jalousement ! (Mt 12, 11-12)

L'opposition entre ces deux façons de concevoir la personne humaine rejoint donc l'opposition entre les deux christologies évoquées plus haut.

Le soubassement affectif

Mais il y a plus encore. Plusieurs psychologues ont exploré le soubassement affectif des tenants de ces positions et dégagé clairement les dynamiques psychologiques en cause.[108] Ces investigations ont permis d'établir un lien étroit entre une personnalité fragile, anxieuse et rigide d'une part, et un fonctionnement dogmatique de l'autre. Ce fonctionnement dogmatique peut se traduire par un certain nombre de postulats implicites : mon être est ténébreux et j'ai besoin de savoir qui je suis ; autrui est ambigu et j'ai besoin de savoir qui il est ; le monde est hostile et j'ai besoin de savoir où sont mes appuis ; la réalité morale est confuse et j'ai besoin de savoir ce qui est permis ; les changements sont menaçants et j'ai besoin de m'attacher à ce qui dure.

---

108. Voir entre autres G. Allport, *The Nature of Prejudice*, New York, Doubleday and Company Inc., 1954, (Abridged Anchor Edition) ; en particulier les pages 138-174 et 372-426.

Il est facile de comprendre que pour les personnes opérant à partir de tels postulats, toute autorité fera figure de planche de salut. Toute autorité en effet, mais plus encore l'autorité religieuse, offre un système de croyances et de normes permettant de satisfaire les besoins en cause. C'est le propre de l'autorité religieuse de démêler le vrai du faux, le permis du défendu, les bons des méchants, mais aussi de décréter quelles sont les croyances et pratiques qui doivent échapper à toute critique et donc à tout changement, de même que de répondre à toute question susceptible d'être posée sur la nature humaine.

Si je fais intervenir ces considérations psychologiques, ce n'est pas pour insinuer que toute personne affirmant l'autorité de Jésus serait en fait un fanatique qui s'ignore. Je voulais seulement mettre en lumière le fait que certaines positions apparemment théologiques sont souvent largement conditionnées par des phénomènes affectifs qui se déroulent en nous à notre insu. Je connais des personnes qui manifestent plusieurs signes d'anxiété lorsqu'elles se portent tout à coup à la défense du dogme et de l'autorité. Ces personnes n'ont pas les moyens affectifs de se permettre une pensée nuancée. Elles sont affectivement incapables de réduire l'importance de l'autorité dans l'église, car cela équivaudrait à augmenter d'autant la place de la liberté personnelle, ce qui aurait pour effet de les mettre directement en contact avec leur confusion et leur insécurité intérieures.

Les développements qui précèdent entraînent une importante conséquence pratique. La réflexion proprement théologique est une démarche humaine qui ne saurait être isolée d'un sérieux cheminement de croissance affective dans lequel la personne affronte ses peurs, ses émotions et ses interrogations profondes. La réflexion personnelle par laquelle un individu en arrive à se situer par rapport à la vie de Jésus, au rôle de l'autorité, au sens de la foi et de l'église, etc., est indissociable du cheminement personnel par lequel ce même individu en arrive à se situer par rapport à lui-même, à sa liberté, à sa sexualité, à sa tendresse, à son agressivité... Et plus ces dernières questions sont laissées dans l'ombre, plus on doit être méfiant par rapport à la validité de la réflexion élaborée par une personne ainsi coupée d'elle-même. À la limite, il est aussi antinaturel et immoral de faire de la théologie uniquement avec son cerveau qu'il ne l'est de faire l'amour uniquement avec ses organes génitaux.

Ces réflexions ne s'adressent pas d'abord aux théologiens. Elles sont faites à l'intention de quiconque s'interroge sur la signification religieuse qu'il donne à son existence. Elles ne s'adressent pas non plus d'abord aux pasteurs dûment mandatés, mais à quiconque s'interroge sur le sens et la mise en œuvre de sa solidarité avec autrui.

«Régir avec dureté» plutôt que «s'occuper» d'autrui avec sollicitude (Ez 34, 4-6) n'est pas une option qui incombe aux seuls pasteurs. C'est quiconque se retrouve en situation d'interaction avec autrui — et à plus forte raison en situation d'autorité, parentale ou autre — qui se voit confronté à cette alternative. La réflexion déployée au fil des chapitres qui précèdent devrait éclairer ce choix.

La relation pastorale comme démarche de croissance globale

Mais il n'y a pas que le *style* de la relation pastorale qui peut varier (autoritaire et normatif ou centré sur la facilitation de la croissance). Au-delà du style, c'est le *contenu* même de ce qui est impliqué dans la relation pastorale qui peut être interprété différemment, selon la conception que l'on se fait de l'expérience religieuse. Certains théologiens actuels affirment qu'il n'y a pas deux croissances, l'une humaine et l'autre spirituelle, mais que la croissance est un tout, que l'on ne peut grandir spirituellement sans grandir humainement en même temps. Dès lors, toute question problématique pour le sujet devient matière à entretien pastoral, même si cette question ne présente aucun lien apparent avec la foi.

Wulj écrit ainsi : « Le spirituel ne peut pas être traité comme une sorte de superstructure par-dessus l'élément humain.» Il s'ensuit que «la direction spirituelle ne peut pas se confiner au domaine religieux, comme si celui-ci existait d'une manière isolée, mais doit s'adresser à l'ensemble de l'homme et à ses problèmes présents.»

Cette position ne pourrait être plus claire. Être pasteur, mandaté ou non, entrer en relation pastorale avec quelqu'un, c'est se centrer sur la croissance globale de cette personne. Encore ici, on retrouve la perspective d'intégration, de congruence ou d'harmonie globale dont il a été souvent question plus haut. Une affirmation du même théologien nous fera comprendre pourquoi l'intégration personnelle doit être adoptée comme la visée de la relation pastorale. «Lorsqu'un homme est en harmonie avec lui-même, il est profondément en harmonie avec Dieu, bien qu'il demeure toujours vrai que la raison et la grâce ne puissent pas coïncider totalement dans ce processus spirituel.[109]» Cette réflexion à la fois claire et audacieuse nous servira de conclusion.

---

109. F. Wulj, article *Spiritual Direction,* in *Encyclopedia of Theology, The Concise Sacramentum Mundi*, Edited by Karl Rahner, New York, Seabury Press, 1975, pp. 1640-1641.

17

17

DES ÉMOTIONS À L'ENGAGEMENT POLITIQUE

Des personnes plus sensibilisées politiquement ont parfois des réserves face à l'engouement pour les thérapies et les groupes de croissance. Selon ces personnes, la psychologie contribuerait à privatiser le bonheur, à faire oublier l'injustice sociale, à réduire les enjeux de l'heure à quelques émotions chaleureuses consommées entre initiés, dans la parfaite inconscience sociale.

La psychologie peut *aussi* être détournée de ses fins, comme à peu près n'importe quelle autre science, technique ou institution. Un homme dédiait un livre à son épouse, à qui il disait devoir son œuvre. Si elle n'avait pas été aussi insupportable à la maison, confessait-il, je n'aurais pas passé tellement de temps à mon bureau, et ce livre n'aurait jamais vu le jour... Cet homme utilisait la production littéraire pour échapper à ses conflits conjugaux. Doit-on pour autant en blâmer la création littéraire?

Le niveau des personnes

Il se peut que des personnes secrètement fragiles aient longuement besoin de l'atmosphère protégée d'un groupe de croissance, où elles peuvent facilement trouver support et affection. Il se peut aussi que des individus prennent goût à cette sécurité et développent une dépendance envers elle. Le film *Vol au-dessus d'un nid de coucou* a bien illustré ce «syndrome de l'institution» par lequel des patients ou des détenus en viennent à préférer la vie appauvrie mais sécurisante de l'institution à la vie plus intense mais plus menaçante de l'air libre.

Des éléments de ce syndrome peuvent également se retrouver en thérapie et dans tout groupe susceptible de jouer le rôle d'enclave protégée : groupes de croissance, groupes charismatiques, communautés religieuses, groupes d'adolescents, familles... Mais à côté de ceux qui s'enlisent dans la dépendance chronique, il y a ceux qui ont la sagesse de comprendre leurs besoins et l'humilité de les accepter. Une jeune femme me disait récemment : « J'aimerais beaucoup m'engager socialement, soit dans un groupe féministe, soit dans un groupe de militants des droits de la personne, mais je ne suis pas rendue là encore. » Vue de l'extérieur, cette jeune femme pourrait donner l'impression d'être « perdue dans ses émotions » ou « centrée sur son nombril ». Vue de plus près, elle apparaît comme une personne qui accepte de vivre son cheminement par étapes et qui décide de ne pas utiliser l'engagement social pour se fuir elle-même, comme beaucoup le font.

Le niveau des *leaders*

Lorsque l'on tente d'évaluer le monde de la thérapie ou des groupes de croissance, il faut donc tenir compte de ce qui peut être vécu concrètement par les individus qui évoluent dans cet univers. Mais on peut aussi se situer à un autre plan et examiner l'orientation idéologique des praticiens et des théoriciens de la psychologie.

À propos de l'orientation idéologique et du style de vie des *praticiens*, tout ce que je puis faire dans le cadre de la présente réflexion, c'est formuler l'hypothèse qu'ils ressemblent aux autres professionnels de leur milieu. À propos des « théoriciens » du mouvement de la croissance, cependant, je puis au moins faire quelques observations.

Par définition, le psychologue s'intéresse aux relations entre les phénomènes psychiques et l'environnement *immédiat* du sujet. Il ne faut pas exiger du psychologue qu'il s'intéresse aux phénomènes sociopolitiques qui relèvent d'autres disciplines scientifiques impliquant d'autres instruments de travail.

Cependant, nous savons aujourd'hui que les champs d'investigation ne sont pas contigus mais qu'ils se recouvrent mutuellement à leur périphérie (psychophysiologie, psychosociologie, bioéthique, etc.). C'est pourquoi il devient légitime de s'interroger sur ce que devient la psychologie lorsqu'elle s'approche du domaine du sociopolitique. Depuis quelques années, des recherches et des pratiques intéressantes commencent à prendre forme du côté de la psychologie communautaire. Une réflexion sur ce sujet nous entraînerait toutefois en dehors du cadre de ce chapitre de conclusion. C'est pourquoi je ne ferai que m'arrêter brièvement à Maslow, qui apparaît comme l'un des représentants les plus articulés du courant de la croissance humaine.

Santé psychologique et sensibilité sociale

Maslow a étudié les caractéristiques de la santé psychologique, en observant tout simplement des sujets classés de toute évidence comme des gens spécialement en santé.[110] Or, il est intéressant de voir comment ces sujets apparaissent « mûrs » pour l'engagement social, quelle que soit la forme de cet engagement. On retrouve en effet dans la personnalité de ces sujets « auto-actualisants » toutes les conditions nécessaires et suffisantes pour que cet engagement prenne forme. Sur les quinze caractéristiques retenues par Maslow comme typiques de l'actualisation, voici celles qui paraissent de nature à activer chez les sujets une démarche d'engagement social :

1   meilleure perception de la réalité : les sujets voient les faits tels qu'ils sont plutôt que de nier les problèmes et de voir la vie en rose ;

4   plus grande tendance à se centrer sur les problèmes extérieurs plutôt que sur leur moi ;

---

110. A. Maslow, *Motivation and Personality*, New York, Harper and Row, 1970 (© 1954), chapitre 12.

6   plus grande autonomie, meilleure capacité de porter la réprobation sociale au profit de la fidélité à eux-mêmes ;

9   plus grande sensibilité à la misère humaine, solidarité plus étroite avec l'humanité ;

11 attitudes plus démocratiques, amenant à traiter autrui comme une personne humaine plutôt que comme le sujet de privilèges (statut, classe sociale) ou d'handicaps sociaux (couleur de la peau, sexe, etc.) ;

12 sensibilité éthique plus forte, indépendamment des normes sociales ambiantes ;

14 moins conformistes dans leur style de vie, plus capables d'évoluer vers le style de vie qui leur convient ;

15   plus critiques face à leur milieu, moins complices face aux injustices présentes dans ce milieu.

On a déjà vu aux pages 39 et 40 la liste complète des quinze caractéristiques. Il ressort que plus de la moitié de ces caractéristiques d'une personnalité «auto-actualisante» sont reliées soit à la capacité de distance critique par rapport à l'environnement social, soit à une grande capacité de justice et de solidarité.

Parmi les caractéristiques restantes, quatre d'entre elles apparaissent comme fort importantes pour le militant sociopolitique. Lorsqu'elles font défaut, il est à redouter que celui-ci ne se voie menacé par le durcissement, la manipulation, la cruauté et ultimement le désespoir. Il s'agit des traits suivants :

2   meilleure acceptation des limites et de la fragilité, aussi bien en soi et chez autrui que dans la nature humaine en général ;

7   appréciation plus spontanée de ce qui est donné gratuitement : sourire, tendresse, coucher de soleil... ;

10   plus grande capacité de s'engager avec profit dans quelques relations intimes;

13   sens de l'humour bienveillant plutôt que méprisant face aux contradictions d'autrui.

Ce rappel fait bien ressortir l'orientation profonde de l'actualisation de soi telle qu'elle est visée par le mouvement dit «de la croissance humaine». Le parcours peut avoir ses détours, ses lenteurs et ses voies d'évitement. Mais sa visée ultime apparaît comme l'antithèse d'une morale bourgeoise, rétrécie et privatisée. Loin de l'endormir, l'actualisation éveille le militant qui sommeille au fond de toute personne.

Épanouissement personnel et justice sociale dans la Bible

Le courant contemporain de la croissance humaine présente de profondes affinités avec le courant prophétique dont Jésus est issu. Le Dieu des prophètes veut que tous s'ouvrent à la vie, il n'aime pas voir les gens «se blesser eux-mêmes» (Jr 7, 19). Le Dieu des prophètes se préoccupe que les gens «reprennent vie et se mettent debout sur leurs pieds», qu'ils «remontent de leurs tombeaux» et qu'ils vivent (Ez 37, 10-14). La visée immédiate de ce dernier passage est de redonner espoir à des exilés. Mais dans la tradition biblique, cet oracle annonce le projet de Dieu («je mettrai mon Esprit en vous et vous vivrez» — v. 14) qui sera réalisé en Jésus, venu pour que les gens «soient vivants et pleins de vie» (Jn 10, 10).

Or, il est remarquable que chez les prophètes, croissance et épanouissement se trouvent *toujours* associés à la justice sociale. Chaque fois qu'il est question d'être heureux, de jouir de la vie, il est toujours question, quelques versets plus haut ou plus bas, de pratiques sociales porteuses de justice. «Ton père, n'est-ce pas, mangeait et buvait? Mais il pratiquait la justice et le droit. Il jugeait la cause du pauvre et du malheureux. Alors tout allait bien.» (Jr 22, 15-16)

De même dans Ezéchiel, lorsque Dieu promet la nourriture, la sécurité et la liberté, il promet du même souffle l'expulsion de l'exploiteur, aussi bien trans-national que domestique. «L'arbre des champs donnera son fruit et la terre donnera ses produits, et ils seront en sécurité sur le sol. (...) Ils ne seront plus un butin pour les nations, et les bêtes du pays ne les dévoreront plus.» (Ez 34, 27-28).

Mais c'est dans le livre d'Isaïe que les descriptions se font les plus précises et que la jonction entre actualisation personnelle et justice sociale devient la plus claire. La personne qui est remplie «de sagesse et d'intelligence» est en même temps celle qui «fait droit aux miséreux en toute justice», et confronte verbalement l'oppresseur, dans la justice et la loyauté (Is 11, 1-5).

De même, après avoir annoncé la justice et le droit qui représentent «un abri contre le vent», on décrit le fonctionnement des personnes qui se trouveront pleinement engagées dans leur croissance. «Alors ne seront plus fermés les yeux de ceux qui voient, les oreilles de ceux qui entendent seront attentives, le cœur des gens pressés s'appliquera à comprendre, la langue des bègues parlera couramment...» (Is 32, 1-4).

Le cas de Jésus

Il arrivait aux prophètes bibliques d'avoir des intuitions tellement claires qu'ils n'hésitaient pas à en attribuer la provenance directe à Dieu lui-même. Ces intuitions portaient essentiellement sur trois points :

- l'être humain est appelé à devenir le plus vivant possible ;
- il est appelé à libérer autour de lui la vie écrasée par l'injustice ;
- il est appelé à explorer le mystère d'amour dans lequel il se trouve engagé.

Or Jésus apparaît porté et nourri par ce courant prophétique qui constitue le cœur de sa tradition spirituelle. L'évangile nous le montre citant les prophètes, s'associant au prophète Jean-Baptiste et s'identifiant lui-même comme prophète. Et de fait, on retrouve bien dans le vécu de Jésus cette synthèse entre l'actualisation de soi, l'engagement social et la vie intérieure.

Jésus apparaît tour à tour tendre et agressif, accueillant et critique, passionné et réfléchi, engagé et attentif à son intérieur. Chez lui, le plaisir de manger, de boire, d'avoir des amis, n'a pas fait taire les impératifs de la critique sociale. Mais en même temps, les affrontements brutaux qu'il a vécus n'ont pas eu raison de sa tendresse. Et enfin, plaisir, tendresse et action sociale n'ont pas évacué la prière.

L'itinéraire de ce fondateur religieux, tout comme celui des sujets «actualisants» de Maslow, a pour effet de poser la question de l'engagement social beaucoup plus que de l'esquiver, et cette convergence donne à réfléchir.

TABLE DES CHAPITRES

ACHEVÉ D'IMPRIMER SUR
LES PRESSES DES ATELIERS
MARQUIS DE MONTMAGNY
LE 14 FÉVRIER 1980 POUR
LES ÉDITIONS LEMÉAC INC.